AF589545

Prise de parole

Éditions Prise de parole
205-109, rue Elm
Sudbury (Ontario)
Canada P3C 1T4
www.prisedeparole.ca

Nous remercions le gouvernement du Canada, le Conseil des arts du Canada, le Conseil des arts de l'Ontario et la Ville du Grand Sudbury de leur appui financier.

ONTARIO ARTS COUNCIL
CONSEIL DES ARTS DE L'ONTARIO
an Ontario government agency
un organisme du gouvernement de l'Ontario

Canada Council
for the Arts

Pierre, Hélène & Michael

suivi de

Cap Enragé

Pierre, Hélène et Michael a été créée le 15 octobre 1990 par le théâtre l'Escaouette de Moncton, en coproduction avec le Théâtre français du Centre national des arts à Ottawa.

Les concepteurs

Texte	Herménégilde Chiasson
Mise en scène	Marcia Babineau
Scénographie	Roméo Savoie
Éclairages	Marc Paulin
Environnement sonore	Denis Richard

La distribution

Pierre	Clément Cormier
Hélène	Hélène Paulin
Michael	Bruce McKay

Scène 1

Michael, Hélène et Pierre.

Quand l'éclairage monte, Michael est en train de faire un appel téléphonique.

Michael

What do you mean, she doesn't want to talk to me? I keep phoning every day, and every day it's the same story… Well, you could have told me before, I would have saved all that money. Where is she? In the shower. Great. Well…

Il échappe le téléphone. Quand il le reprend, il se rend compte qu'il a perdu la communication.

Shit…

Sur ce, il voit passer Hélène, qui semble en train de texter un message. Il va vers elle.

Quand tu auras fini ton appel, tu pourrais me passer ton téléphone… ?

Surprise, Hélène, à son tour, échappe son appareil sur le plancher.

Oh ! excuse-moi. Je n'ai pas fait exprès. J'espère qu'il marche encore.

Hélène
Pourquoi il devrait arrêter de fonctionner ? Je vais voir s'il a enregistré.

Michael
Je croyais que tu faisais un appel.

Hélène
Non, non, c'est comme ça que je tiens mon journal. Je l'enregistre au lieu de l'écrire.

Michael
Pourquoi ? Tu n'aimes pas ça, écrire ?

Hélène
Tout le monde me dit que je fais trop de fautes. Ça me décourage d'écrire.

Michael
I see. C'est bien la première fois que j'entends parler de ça. Peut-être que c'est ce que je devrais faire. Moi aussi, je fais beaucoup de fautes, mais ça se comprend parce que je suis anglophone… Moi, c'est Michael.

Hélène
Hélène.

Michael
Chantonne « Hélène » de Rock Voisine.
« Seul sur la plage, les yeux dans l'eau… »

Hélène
Pas un autre !

MICHAEL
C'est ce qui arrive quand on est trop populaire.

HÉLÈNE
Puis, c'est pas « Seul sur la plage », c'est « Seul sur le sable, les yeux dans l'eau »… T'es nouveau ?

MICHAEL
Deux semaines. Mon père a décidé que je devrais rester « *bilingual* ». C'est pour ça qu'il a décidé que je devrais étudier dans un milieu francophone. *Not my idea.*

HÉLÈNE
Tu te débrouilles pas mal. Je comprends déjà tout ce tu dis.

MICHAEL
Ma mère est francophone, puis elle m'a tout le temps parlé en français…

HÉLÈNE
D'où tu viens ? Je veux dire, avant de venir ici ?

MICHAEL
Toronto.

HÉLÈNE
C'est pas le meilleur endroit pour pratiquer son français.

MICHAEL
You can say that again.

Hélène
Quoi ?

Michael
Rien. Je dis juste que…
Un temps.
Anyway… J'aime beaucoup tes yeux.

Hélène
N'en revenant pas.
Quoi ?

Michael
Je dis que j'aime beaucoup tes yeux.

Hélène
Embarrassée.
Bon… Euh… Je suis contente d'entendre ça. C'est drôle que tu dises ça.

Michael
Pourquoi ?

Hélène
Parce qu'on ne se connaît pas.

Michael
C'est du *positive thinking.* Pensage positive.

Hélène
Pensée positive. Pensage positive, ça ne se dit pas.

Michael
Pensée positive. Merci.

Hélène
Pourquoi tu me dis merci ?

Michael
Parce que tu prends le temps de me corriger. C'est comme ça que je vais apprendre.

Hélène
Veux-tu rire de moi ?

Michael
You people are so paranoid. Je veux dire…

Hélène
Non, non, j'ai compris. Une minute, on est fins, on a des beaux yeux, la minute d'après on est paranoïaque. C'est ça ?

Michael
Ce n'est pas juste toi. J'ai remarqué ça avec pas mal depuis que je suis arrivé. Ce n'est pas une insulte.

Hélène
C'est quoi la pensée positive ?

Michael
Tu dis aux autres tout ce que tu aimes *about* eux. Tu essayes d'oublier tout ce qui te dérange. *Great tool if you're in business,* comme mon père.

Hélène
Des fois, ça ne doit pas être facile.

Sur ce, Pierre vient les rejoindre. Hélène ne le voit pas venir. Il décide de la surprendre.

Sursautant.

Ahhhh ! Pierre !

MICHAEL

Pierre apercevant Michael.

Michael.

PIERRE

Michael ?

MICHAEL

Michael Stewart.

PIERRE

Stewart, c'est pas un nom d'ici, ça ?

HÉLÈNE

À Michael.

Fais pas attention. Il niaise tout le monde.

À Pierre.

Michael est un disciple de la pensée positive. Il vient de me convertir.

PIERRE

Ah oui ? Content de savoir ça. Qu'est-ce que ça mange en hiver, la pensée positive ?

HÉLÈNE

C'est quand tu dis juste des belles affaires au monde. Dis-moi des belles affaires.

PIERRE

Tu me prends un peu de court… Il y en a assez, que c'est dur de choisir…

À Michael.
Pensée positive, hein ?

MICHAEL
Ça peut aussi être une manière de mettre le monde de bonne humeur. De les mettre de ton bord…

PIERRE
Tu dois être anglais pour penser de même.

MICHAEL
Anglophone, les Anglais vivent en Angleterre.

PIERRE
Aimes-tu ça, être Anglais ?

MICHAEL
Anglophone. Des fois.
Jouant son jeu.
Ça dépend avec qui on est. Quand il n'y a pas trop de Français alentour !!!

PIERRE
Francophone. Les Français vivent en France.

MICHAEL
Good point. Good point.

HÉLÈNE
Un à un. Après à peine une minute de jeu.

PIERRE
Bon. On efface tout puis on recommence.
Sur un ton affecté.
Bonjour Michael. Je m'appelle Pierre Landry. Pipi

pour les intimes. Je suis présentement aux études. Bientôt, si tout va bien, je compte me rendre à l'université pour me spécialiser en médecine vétérinaire, parce que j'aime beaucoup les animaux.

MICHAEL
Ne sachant pas trop comment réagir à cette forme d'humour qu'il ne connaît pas.
Excusez-moi, mais je dois absolument téléphoner à quelqu'un.
Il s'éloigne d'eux.

HÉLÈNE
Faut-tu tout le temps que tu fasses ton *show*?

PIERRE
Quoi c'est que tu veux? C'est de même que je suis.

HÉLÈNE
C'est pas vrai. Tu as fait exprès. Chaque fois que je rencontre quelqu'un…

PIERRE
J'ai juste voulu m'amuser un peu. Puis je ne crois pas que ça l'a dérangé tant que ça. Il avait autre chose à faire, c'est tout.

HÉLÈNE
C'est de même à toutes les fois qu'on rencontre du monde. Faut que tu les niaises. On dirait que c'est plus fort que toi.

Pierre
Bon bien, je vais lui dire que tu m'as dit de m'excuser…

Il fait un bref mouvement pour s'éloigner, mais Hélène l'arrête aussitôt.

Hélène
Fais ça, Pierre Landry, puis je ne te parle plus jamais de toute ta vie.

Pierre
Oh, c'est sérieux, là! Qu'est-ce qui te prend?

Hélène
Il me prend que… Il me prend que…

Michael
Lui remettant le téléphone.
Bon, ç'a l'air que ça ne marche pas, mon numéro.

Hélène
Peut-être bien que mon téléphone est brisé.

Michael
Quand il est tombé à terre tantôt.

Pierre
C'est quoi, cette histoire-là?

Hélène le regarde. Pierre laisse tomber sa question.

Michael
Tu me dis s'il est brisé…

Hélène
Ça ne doit pas être grave. Ça s'arrange, j'en suis certaine.

Michael
Bon bien : *Gotta go, gotta run*. Ça m'a fait plaisir de vous rencontrer…

Hélène
J'espère qu'on va se revoir.

Michael
For sure ! Pensage positive.

Hélène
Pensée positive.

Michael
Je sais, je disais ça pour rire.
Il sort.

Pierre
Pour ne pas être en reste et se rendre intéressant.
Rock'n'roll !
Revoyant Hélène.
Woops…

Hélène
Pierre, ç'a pas d'allure ! Des fois je me dis que tu ne grandiras jamais.

Pierre
Moi, je trouve que je m'en viens bien.

Hélène
Prends sur toi pour une minute, OK?

Pierre
C'est dur pour moi d'être sérieux quand tu es là.

Hélène
C'est de valeur, mais va falloir que tu le sois un jour ou l'autre. Tu ne pourras pas passer toute ta vie à faire le fou. Même moi, des fois, je me demande si t'es capable d'être sérieux.

Pierre
Oh wow! Là, je suis sûr qu'on en a pour une bonne heure. Si pas plus.

Hélène
Tu vois, quand on commence à être sérieux, tu trouves toutes les raisons pour te sauver ailleurs. As-tu peur de moi?

Pierre
Ça se peut que je me sauve. Ça se peut que je me cache. Ça se peut que j'aie peur de toi. Mais là, c'est vrai: faut vraiment que je parte. J'ai un test de math à étudier pour demain.

Hélène
Faut qu'on se revoie parce que ça ne peut plus durer comme ça.

Pierre
Bon. Au Creux d'abord.

Hélène
Pas au Creux. Tout le monde qu'on connaît se ramasse là, puis on ne peut jamais rien se dire.

Pierre
Mais Hélène, le Creux c'est notre trou.

Pour rire.

Un animal en dehors de son trou, il est perdu. Tu te rends compte...

Hélène
Tu vois?

Pierre
Vois quoi?

Hélène
Bon, bon, bon. Quelle heure?

Pierre
Six, sept heures. Mais pas pour longtemps. J'ai un travail qui est déjà deux semaines en retard. Un travail pour Blanchard. Tu sais comment il est. Il est réglé comme une horloge. Mais comme j'aime mieux passer du temps avec toi que de travailler pour lui, ça risque de mal aller, mon affaire. À tout à l'heure.

Scène 2

Hélène.
Monologue à son appareil de style iPhone ou autre.

Hélène

Il y a une semaine, j'ai rencontré un gars vraiment cool. Il s'appelle Michael Stewart… Michael Stewart. Chaque fois que je dis son nom, c'est comme si je me disais un secret à moi toute seule. C'est mon secret. J'aimerais ça qu'il m'appelle, qu'il… Tous les jours, je m'arrange pour être dans son chemin. Il me dit « allô », il m'envoie la main, mais pas plus. Mais moi, j'ai envie de lui parler, de l'entendre parler, d'entendre sa voix au téléphone. Moi qui aime tant parler, j'ai envie de l'entendre parler, lui. Juste lui. Des fois je me demande si je ne suis pas en train de tomber… Non, ça ne se peut pas parce que… Je veux dire, tu ne tombes pas en amour juste de même. Avec quelqu'un qui t'a parlé cinq minutes… Demain, j'ai un test de français puis je n'arrive juste pas à me concentrer. Ça commence mal l'année. Peut-être bien que pas. Peut-être que c'est cette année que je vais rencontrer l'amour avec un grand A. Si c'est ça, ça me fait plus peur qu'autre chose. L'amour avec un grand A, paraît que c'est une terrible d'affaire parce que tu ne peux rien faire d'autre. C'est ça qui est arrivé à ma sœur quand elle a rencontré Robert. Elle m'a dit qu'elle n'en dormait pas des nuits… Oui, mais Pierre dans tout ça ? Pierre, c'est… Pierre, c'est un ami. C'est un ami. C'est ça : un ami. Je sais que je pourrai tout le temps compter sur lui. On se connaît depuis qu'on a commencé l'école dans le grade 1. C'est comme mon frère. Si jamais moi et Michael… Moi et Michael… Hélène et Michael. Je trouve que ça sonne vraiment bien. Si jamais Pierre apprenait ça… C'est certain que ça lui ferait beaucoup de peine. Même si je sais qu'il ne le dirait jamais que ça lui fait de la peine. Il est bien trop fier pour ça. Surtout que Michael est un Anglais, lui qui ne peut pas les endurer. Faudrait que je parle à Pierre… Ce n'est pas facile, parce que Pierre m'aime. C'est ce qu'il dit tout le temps. Moi, ce n'est pas pareil… Moi, je ne sais pas… Je ne sais plus.

SCÈNE 3

Michael, Hélène et Pierre.

Dans un restaurant de style fast-food. Michael est assis à une table. Impatient, il regarde sa montre. Il sort son téléphone et commence à texter. Absorbé dans son activité, il ne remarque pas Hélène qui arrive, qui s'approche de lui.

HÉLÈNE

Est-ce que je peux prendre votre commande?

MICHAEL

Hélène, qu'est-ce que tu fais là?

HÉLÈNE

Comme si elle entrait en scène.

Talaaaaa…

MICHAEL

J'ai cru que tu avais changé d'idée.

HÉLÈNE

Bien non, voyons! C'est juste que… Je ne sais pas ce que j'ai de ce temps-là, ça me prend un temps fou pour m'organiser. Trouver le bon linge, me maquiller…

MICHAEL
Pour dire la vérité, moi aussi j'étais en retard. Je viens juste d'arriver. *So*… Aimerais-tu mieux boire ou manger?

HÉLÈNE
Je sors de table, ce qui fait que je vais prendre un… un… un… *Diet Coke.*

MICHAEL
Diet Coke. Coming right up.
Il se lève et va chercher deux verres de Diet Coke au comptoir.

HÉLÈNE
Mmmm, ça c'est du service…

MICHAEL
Comme ça, toi et Pierre, ça ne marche pas super bien?

HÉLÈNE
Comment tu as fait pour savoir ça?

MICHAEL
J'ai fait ma petite enquête.

HÉLÈNE
Agacée.
Ç'a déjà mieux marché, oui…

MICHAEL
Ça te dérange si on en parle?

Hélène
Cette histoire, ç'a assez eu de hauts et de bas que je me demande si ça ne s'est pas passé dans un ascenseur.

Michael
Il y a longtemps que vous sortez ensemble ?

Hélène
On and off, je ne sais plus. On dirait que ça fait une éternité. Pierre, je ne me souviens pas quand on s'est rencontrés. Ça fait aussi longtemps que ça.

Michael
Je crois que tu ne veux pas vraiment parler de ça…

Hélène
Pas tout de suite. Pas juste là… On serait mieux de parler de toi.

Michael
Il n'y a pas grand-chose à dire.

Hélène
Tu vois le gars là-bas qui nous regarde depuis que je suis arrivée… ?

Michael
Le gars avec la casquette du Canadien ?

Hélène
C'est Éric, le meilleur ami de Pierre. Puis tu peux être certain que, demain, Pierre va avoir un rapport détaillé sur tout ce qui s'est passé ici.

Michael
Une chance qu'on n'est pas en train de *frencher*...

Hélène
Elle rit.
Aïe, où c'est que tu as appris ce mot-là, toi ?

Michael
Je ne sais pas. J'ai toujours trouvé ça drôle, ce mot-là. *Frencher*. Pourquoi on ne pourrait pas dire *Englisher* à la place ?

Hélène
C'est parce que quand ça vient à parler, à manger puis à... *frencher*, les Français sont pas battables.

Michael
Ça, c'est une Française qui le dit.

Hélène
As-tu remarqué que tout ça, ça se passe autour de la bouche ?

Michael
I see. Tiens ! Le *chum* de Pierre vient de sortir.

Hélène
Ça ne me fait pas de peine.

Michael
Un temps.
Il est jaloux, Pierre ?

Hélène
As-tu peur ?

MICHAEL
Pas si on est un contre un.

HÉLÈNE
As-tu envie de te battre ?

MICHAEL
Ça dépend. Je pourrais le faire, oui. Je l'ai déjà fait. Les gars, faut que ça se batte. Ce n'est pas comme les filles...

Pour la taquiner.

Les filles, ç'a juste à se maquiller.

HÉLÈNE
Elle rit.

Toi, tu sors avec quelqu'un ?

MICHAEL
Well, j'avais une *girlfriend* quand j'ai quitté Toronto, mais j'ai bien peur que c'est pas mal fini... Ça fait un mois que je n'ai pas eu de nouvelles.

HÉLÈNE
C'est elle qui est partie ?

MICHAEL
Non, c'est moi.... Mon père est en business. Quand il est transféré, le reste de la gang, toute la famille le suit. Ça fait dix-huit ans que ça dure. C'est comme l'armée.

HÉLÈNE
Tu t'ennuies ?

Michael
Oui, on pourrait appeler ça comme ça.

Hélène
Tu t'ennuies d'elle ?

Michael
Not really. Je m'ennuie plus de la ville, de mes *chums*, des *rock concerts* au *O'Keefe Center*. Par ici, c'est pas mal tranquille.

Hélène
Paraît que Toronto, c'est bien plate comparé à Montréal.

Michael
Maybe. J'ai jamais resté à Montréal.

Hélène
Moi, j'ai jamais sorti d'ici. Tout ce que je sais, puis le trois-quarts de ce que je dis, je l'ai entendu à la télévision.

Michael
C'est où le plus loin que tu es allé ?

Hélène
Pourquoi tu veux savoir ça ?

Michael
Je crois bien que ce n'est pas vraiment important d'où tu viens puis où tu es allée.

Hélène
C'est quoi, l'important ?

Michael
L'important ? Je ne sais pas. Tes amis… J'ai pas beaucoup d'amis, pas ici.

Hélène
Toi, tu te plains de trop avoir voyagé puis moi, je me plains que je ne suis jamais sortie d'ici. La vie est mal faite, tu ne trouves pas ?

Michael
Ça dépend. À Toronto, il y a beaucoup d'argent à faire. Plus qu'à Montréal, *believe me*.

Hélène
Mais toi, pourquoi tu restes par ici ?

Michael
God knows! Des fois, je me dis que si j'avais quelqu'un… Je ne voudrais pas décoller tout seul.

Hélène
Tu lâcherais tes études ?

Michael
Je crois qu'elles m'ont déjà lâché. Mon père n'a jamais rien étudié. *Go for it*! C'est tout ce qu'il a appris. Il dit tout le temps ça : *Go for it*. C'est comme un mantra. *Go for it, Michael*.

Hélène
C'est quoi ça, *Go for it*?

Michael
C'est comme quand tu veux faire courir les chiens

après une balle ou un bout de bois ou *whatever*… Tu leur dit : « *Go for it* », puis ils décollent. *Wham* !

HÉLÈNE
Je vois… Ta mère, elle ?

MICHAEL
Ma mère ?

HÉLÈNE
Je ne sais pas. Comment elle prendrait ça, si elle savait que…

MICHAEL
Ma mère, il y a longtemps qu'elle ne vit plus avec mon père. Elle est retournée à Montréal. Elle vient du Québec. Elle ne voulait plus vivre en anglais, qu'elle lui a dit quand elle est partie. Vivre en anglais. Vivre en français. Qu'est-ce que ça veut dire ?… Tes parents, toi, ils sont comment ?

HÉLÈNE
À les croire, je devrais être dans les livres du matin au soir. Ma mère, surtout. Elle, tout ce qu'elle aurait aimé être, c'est une femme instruite, une femme docteur, une avocate. Mais ses parents ne croyaient pas là-dedans, ils voulaient…

MICHAEL
Oh, oh ! *Shit will hit the fan.*

PIERRE
À Michael.
Sais-tu que t'es un bel écœurant, toi ?

Hélène
Pierre…

Pierre
J'aurais bien dû m'en douter du premier jour où je vous ai vus ensemble.

Imitant Michael.

Pensée positive, hein ? Sors dehors, je vais t'en faire voir, de la pensée positive…

Michael

Il se lève.

Listen, Pierre. On peut se parler une minute ? Pierre, Pierre, *it's not what you think*… Ce n'est pas ce que tu crois…

Pierre
Maudit hypocrite de *bloke* à marde. T'es bien comme toute ta gang…

Hélène

Ramassant ses affaires.

Bon, bien, je ne vois pas pourquoi je resterais là à te voir baver sur le monde…

Pierre
Aïe, chose, prends sur toi, puis assis-toi ! On va régler ça entre quatre yeux.

Il la pousse dans sa chaise.

Michael

Il tente de s'interposer entre les deux.

Pierre, Pierre, *take it easy*, OK?

Pierre
Aïe, le *bloke*, recommence jamais ça, OK? Puis parle-moi dans ma langue au lieu de baragouiner entre les deux…

Hélène
Pierre, si tu ne sors pas d'ici, tu es mieux de m'oublier pour de bon… M'as-tu entendue? Pierre Landry, c'est-tu clair?

Pierre
Un temps.
Je vais sortir d'ici, OK. Mais avec toi. Je crois que tu me dois au moins une explication…

Hélène
C'est ce que tu veux, Pierre? Une explication? Tu es sûr que c'est tout ce que tu veux? Ça fait des semaines que j'essaie de te faire comprendre.

Pierre
Comprendre quoi?

Hélène
Excuse-moi, Michael.

Pierre
Oui, c'est ça, excuse-moi, Michael. T'es cool, toi, Michael, tu ne sauras jamais ce que c'est de se faire manger la laine sur le dos…

Michael
Il prend ses affaires.
Pierre, *try to calm down*, OK? *Again*, ce n'est pas ce que tu t'imagines…
Il sort.

Pierre
C'est ça, va te coucher. Je suis certain que tu vas bien dormir.

Hélène
Un temps.
Content, là ?

Pierre
Plus conciliant.
Mets-toi à ma place ! Mets-toi à ma place, Hélène ! Tu ne me donnes pas signe de vie pour une semaine puis, la première chose que j'apprends, c'est que tu es rendue ici avec un gars qui t'as fait un clin d'œil dans un corridor.

Hélène
…

Pierre
C'est tout ce que tu trouves à dire… ?

Hélène
Je ne dis rien parce qu'il n'y a rien à dire. Tu as déjà réglé tout ça dans ta tête. Comme tout le reste. Même si je disais quoi que ce soit, crois-tu que ça changerait grand-chose ?

Pierre
On sait bien. Qu'est-ce que j'ai à t'offrir, moi ? Je ne suis rien qu'un petit niaiseux de par ici qui n'est jamais sorti de son trou.

Hélène
Continue à penser de même, Pierre, puis tu vas finir par te croire…

Pierre
As-tu pensé à tous les rêves qu'on a faits ensemble ?

Hélène
Les rêves que toi, tu as faits, Pierre. Que tu as faits pour nous deux.
Un temps.
As-tu pensé, Pierre, qu'on est jeune juste une fois dans sa vie ? Ce n'est pas le temps de faire comme si on avait soixante ans. J'aime mieux faire mes folies à cette heure que de les faire dans 20 ans d'ici…

Pierre
Qu'est-ce que tu veux dire, des folies ? De quoi tu parles ? Je ne te reconnais plus quand tu parles comme ça.

Hélène
Des folies, c'est tout. Il me semble que ce n'est pas difficile à comprendre.

Pierre
Oui, mais, comme quoi ?

Hélène
Voyager, par exemple. Sortir d'ici.

Pierre
Ce n'est pas mieux ailleurs…

Hélène
C'est juste un exemple. Puis, qu'est-ce que tu en sais ?

Pierre
Regarde la télévision, tu vas bien voir.

Hélène
Bien, justement, je suis tannée de passer mes grandes soirées devant la télévision ou à traîner au centre d'achat. Je veux voir les vraies affaires, voir d'autre monde, parler avec eux, oublier, si tu veux savoir…

Pierre
Oublier ? Oublier quoi ? Je me demande bien qui t'as mis ces idées-là dans la tête.

Hélène
As-tu jamais pensé que je pouvais, moi aussi, penser par moi-même ?

Pierre
Oublier quoi, Hélène ? Tu ne m'as pas répondu.

Hélène
OK. Tu veux savoir ? Tu veux vraiment savoir ? Oublier qu'on est des *loosers*, oublier qu'on est une gang de braillards qui se lamentent puis qui se désâment. Oublier que par ici, l'industrie numéro 1, c'est le chômage…

Pierre
Il n'y a rien qui dit qu'on ne peut pas changer ça.

Hélène
Ah oui? Comment?

Pierre
Je ne sais pas. En travaillant à le changer…

Hélène
C'est ça. Parfait! Ça prendra mille ans pour changer ça, Pierre, puis dans mille ans on sera morts. Puis j'ai juste une vie à vivre.

Pierre
C'est sûr et certain que si tout le monde lâche…

Hélène
Pierre, ce n'est pas une question de lâcher ou de ne pas lâcher. On ne parle pas de la *game* de hockey, là. On ne joue pas pour gagner ou perdre. Moi, je te dis que la vie, c'est fait pour vivre puis moi, c'est ça que je veux: vivre. Rien que ça. Pour moi, vivre ma vie à moi. Pas pour toi, pas pour ma mère, pas pour les autres. Pour moi. Vivre quelque chose qui vaut la peine.

Pierre
Puis vivre quelque chose qui vaut la peine, ça veut dire voyager. C'est ça?

Hélène
Fais-tu exprès, Pierre? Ce n'est pas ça que j'ai dit.

Pierre
Bien, explique-moi, d'abord. Tout d'un coup, on dirait qu'on ne parle plus la même langue.

HÉLÈNE

Ce que je veux dire, c'est que moi et toi, on est trop jeunes pour s'embarquer dans une affaire qui… Toi, Pierre, tu as déjà toute ta vie de planifiée jusqu'à ta retraite. Tu vas aller à l'université. Tu vas faire tes études. Ensuite on va se marier. On va s'acheter une maison. On va avoir trois enfants, deux gars puis une fille, au milieu la fille, entre les deux gars. Puis là on va vieillir…

PIERRE

Oui, Hélène, mais ça, c'est juste des rêves, c'est des idées, ça peut se changer…

HÉLÈNE

Je n'ai rien contre le monde qui rêve, Pierre, tant qu'ils ne rêvent pas pour moi.

PIERRE

Voudrais-tu qu'on se sépare pour un petit bout de temps ? Pour penser à notre affaire chacun de notre côté ?

HÉLÈNE

On a déjà essayé ça. J'aimerais mieux qu'on se sépare pour un grand bout de temps puis…

PIERRE

Puis ?

HÉLÈNE

Puis, si on a absolument besoin l'un de l'autre… bien on verra…

Pierre
Comme ça, ce n'est pas une séparation toute nette.

Hélène
Essaie de m'oublier, OK?

Pierre
Un temps.
Bon, bien, je crois qu'on s'est pas mal tout dit ce qu'on avait à se dire…

Hélène
Crois-moi, Pierre, c'est beaucoup mieux comme ça.

Pierre
Un temps.
Ça veux-tu dire que tu ne m'aimes plus?

Hélène
Non… Non, ce n'est pas ça… Ça veut juste dire que je m'aime beaucoup plus.

Pierre
Mais, je ne t'ai jamais empêchée de t'aimer.

Hélène
Ce que je veux dire, c'est que dans ta tête, tu as l'image d'une fille… Mais cette fille-là, ce n'est pas moi, Pierre. Ce n'est pas moi. Peux-tu comprendre ça? Je suis juste une idée dans ta tête… Puis je ne peux pas lui ressembler. J'espère que tu la rencontres un jour parce que ce n'est pas moi. Puis je te souhaite…

Pierre
Mais, je t'aime, moi… Je ne comprends plus ce que tu dis. On dirait que tu es toute changée.

Hélène
Faut que je prenne de l'air. Je sens que je suis en train d'étouffer, moi, ici.

Elle se lève et sort tandis que Pierre reste sur place, atterré.

Scène 4

Michael et Pierre.

L'éclairage baisse sur Pierre et monte sur Michael au cellulaire. Il y a un sac d'équipement de hockey par terre à côté de lui.

MICHAEL

Yes, I would like to place a collect call to Montreal. The number is area code 514 285 6897. To speak to Mrs. Nicole Langevin. Yes, from Michael Stewart…
Yes, from Michael Stewart…

Il attend.

Oh, hi Mom.
Oh, excuse-moi, c'est vrai, toujours parler français avec ma mère. Toujours parler français avec ma mère. Ça va ?
Oh my God, what a question… Ça va beaucoup mieux. J'ai rencontré une fille ici, très gentille, et je passe beaucoup de temps avec elle. Je ne sais pas si je suis en amour, mais…
Non, je n'ai toujours pas eu de nouvelles d'elle. Justement, je voulais te dire que je vais aller à

Toronto mercredi prochain…
En train… Je vais arrêter à Montréal pour te voir…
Avec Hélène… Oui, elle s'appelle Hélène…
Dad? Well you know, business as usual.
C'est tout ce que j'avais à te dire. *For now.* J'ai hâte de te voir. Faut que j'arrête de te parler parce que je n'aurai plus rien à te dire quand on va se voir la semaine prochaine.

Il rit.

En plus que je suis en train de te ruiner parce que je t'appelle à charges renversées…
Quoi ? On dit pas charges renversées. Qu'est-ce qu'on dit… ?
Frais virés. *Oh I see. Thank you. I'll put this in the computer…*
Oui, je sais, en français. Bye.

Michael interrompt la conversation. Pierre entre dans l'aire de jeu et entend la fin de la conversation de Michael.

PIERRE

Michael Stewart, is that you?

MICHAEL

Pierre ! *Oh my God, I didn't see…* Je veux dire que je ne t'avais pas vu. Oui, j'étais en train de téléphoner à ma mère.

PIERRE

J'ai bien entendu ça, là.

Un temps.

À Montréal ?

Michael
Comment ça se fait que tu sais ça ?

Pierre
C'est une petite place, ici. Tout se sait.

Michael
I see.

Pierre
Lui offrant son chips.
En veux-tu ?

Michael
Non, merci. J'ai déjà mangé. J'ai une pratique de hockey dans une demi-heure, *so*…
Il va pour partir.

Pierre
Perdant le contrôle.
Toutes les excuses sont bonnes, hein ? Es-tu sûr que ce n'est pas une pratique avec Hélène que tu as ?

Michael
Je vois que tu n'as pas changé depuis la dernière fois.

Pierre
OK. OK. Pogne pas les nerfs. J'ai entendu dire que tu allais à Toronto avec Hélène pour les fêtes.

Michael
C'est vraiment une petite place.

Pierre
C'est vrai ou pas ?

Michael
Oui. C'est vrai. Content ? *Next question, please.*

Pierre
Partez-vous pour de bon ?

Michael
Ce n'est pas défendu de voyager. Hélène est une grande fille. Ce n'est pas moi qui lui ai tordu le bras pour qu'elle vienne avec moi.

Pierre
Tu ne m'as toujours pas répondu.

Michael
Parce que je n'ai pas à répondre.

Un temps.

Chaque fois qu'on se voit, c'est pour discuter du cas d'Hélène. Hélène t'as laissé. Je n'ai rien eu à faire là-dedans.

Pierre
Ça, ça reste à prouver.

Michael
Je n'ai rien eu à faire là-dedans. C'est-tu clair ?

Pierre
Ça, c'est toi qui le dis.

Michael
Listen, Pierre. Je sais que tu as de la peine. Je sais que c'est difficile parce que je suis déjà passé par là. Je sais que tous tes amis croient que je suis un chien

sale, mais ce n'est pas moi qui suis responsable de ça. On est tous passés par là.

PIERRE
Tu peux parler comme ça, parce que Hélène est avec toi.

MICHAEL
Mais qu'est-ce que tu veux ? Si elle ne sortait pas avec moi, ça changerait quoi ? *Heh ?* C'est avec elle que tu dois régler ce que tu as à régler. Parle-lui à elle. Parlez-vous.

PIERRE
Elle ne veut plus me parler, Hélène.

MICHAEL
La blâmes-tu ?

PIERRE
Un temps.
Tu trouves ça normal, toi, que deux personnes peuvent s'aimer autant, puis qu'à peine trois mois plus tard, ils ne peuvent même plus se parler ?

MICHAEL
Je sais.
Un temps.
Quand j'étais à Toronto, je sortais avec une fille. Sandra Mylan. Son nom ne te dit rien mais… *Anyway*. Une bonne journée, je lui ai dit que j'allais partir. Pas pour longtemps. Un an, dix mois, mais pas longtemps. Je lui ai dit qu'on pourrait s'écrire, que je pourrais aller la voir aussi souvent que je

pourrais. *But… I guess…* C'était un peu trop demander pour elle.

PIERRE
Puis qu'est-ce qui s'est passé ?

MICHAEL
Well, qu'est-ce que tu penses ? Ç'a pas pris un mois que j'ai compris qu'elle n'était pas intéressée.
En voulant se montrer conciliant.
Tu vois, même les Anglais ont des histoires d'amour.

PIERRE
Intrigué par cette histoire.
Non, mais je veux vraiment savoir. Elle est avec un autre, ou quoi ?

MICHAEL
Je ne sais pas. Je te dis, je n'ai pas pu avoir de nouvelles. Au moins, Hélène, elle te dit ce qui se passe.

PIERRE
Comme ça, tu dois savoir comment je me sens.

MICHAEL
Exaspéré.
Oui. Oui, je sais comment tu te sens mais… Même si je sais le mal que tu sens, Hélène et moi… *I mean…* Si ce n'était pas moi, le gars qui serait avec Hélène, crois-tu que tu m'haïrais autant ?

PIERRE
Oui, mais…

MICHAEL

Non, Pierre, c'est ça la vraie question. Tu m'haïs parce que je suis avec Hélène… Faut que tu *deal* avec ça, parce que tu ne peux pas passer tout ton temps à dire à tout le monde que j'ai brisé ta vie.

PIERRE

Un temps.

Quand est-ce que vous décollez ?

MICHAEL

Dans une semaine. Pour les fêtes. Je crois que ce sera moins dur pour tout le monde.

PIERRE

Vous n'allez pas faire vos examens ?

MICHAEL

On sait qu'on ne passera pas. *So*… pourquoi se donner ce trouble-là ?

PIERRE

Les parents d'Hélène, qu'est-ce qu'ils pensent de ça ?

MICHAEL

Ça, c'est une autre affaire que je n'ai pas aimée. Tu n'avais pas à aller trouver les parents d'Hélène pour leur raconter toutes sortes d'histoires à moitié vraies sur mon compte.

PIERRE

Ses parents, c'est comme ma famille puis, quand ça marche mal dans ta vie, t'en parles à tes parents.

Michael

Bullshit! T'en as des parents, Pierre, puis je te gage que tu ne leur as même pas parlé de ça. Tu voulais juste faire du trouble pour Hélène, *to make her feel cheap*, puis faire croire à ses parents que tu faisais pitié puis que j'étais un… un *monster or something*.

Pierre

Un temps.

C'est peut-être aussi bien comme ça. Au moins, je ne vous aurai pas tous les jours dans la face.

Scène 5

Hélène

Hélène

28 décembre. Pour la première fois de ma vie, je n'ai pas passé Noël dans ma famille. J'ai téléphoné chez-nous, puis j'ai braillé une bonne heure au téléphone avec maman. Papa n'a pas voulu me parler. C'est vrai que Pierre, c'était comme le garçon qu'il n'a jamais eu, comme il dit. Cinq filles, ça ne fait pas un gars. Pierre avec, il doit m'haïr pour la vie. *So much for that*! comme dirait Michael. On dirait que je suis devenue le problème de bien du monde, de ce temps-là. Michael dit que ça leur passera.

Une chance qu'il se passe bien d'autres choses à côté, parce qu'ils m'auraient fait chavirer avec leurs histoires. Comment ça se fait qu'on ne peut jamais faire ce qu'on veut avec notre vie? Qu'il y a tout le temps du monde alentour pour t'organiser. Ça doit être parce que la vie, c'est les autres qui te la donnent. Si c'est de quoi qu'on te donne, ça devrait-tu pas être comme un cadeau? *Whatever* que c'est, je

suis prise avec à cette heure.
Une chance que Michael est là. Quand je suis dans ses bras, je sens qu'il n'y a rien qui peut me faire de mal. Il fait chaud dans ses bras. C'est comme quand j'étais petite et que mon père me berçait en face du chassis de la cuisine. Il se levait juste pour mettre du bois dans le poêle. C'était beau, l'hiver, dans ce temps-là. Il faisait chaud dans la maison. On entendait le feu. Ça sentait bon la chaleur puis je mettais ma tête sur sa chemise de laine pour sentir l'odeur du garage où il travaillait. C'est drôle que je me rappelle de ça tout d'un coup. Ça doit être parce que c'est Noël, puis à Noël on redevient toujours comme un enfant.
Depuis une semaine, on est à Toronto. Pour une fois dans ma vie, j'ai marché dans une vraie rue remplie de lumières, remplie de monde, remplie de traffic. Michael m'a présentée à ses « chums ». Ils sont le fun, mais pas plus. Michael me dit que c'est parce qu'ils l'ont connu avec Sandra et que ça va leur prendre du temps avant de s'habituer à moi. Faut dire aussi que mon anglais n'est pas bien bon. Mais faut surtout pas que je me mette à paniquer avec ça. Michael ne peut pas endurer ça. La pensée positive. *Yes sir…*
J'ai décidé de ne plus retourner en arrière. Michael non plus. Tout ça, c'est du passé. Je sais que mon avenir est ici. *Whatever that is.*

Les lumières baissent sur Hélène pour monter de l'autre côté de la scène. Alors qu'Hélène entre dans la zone représentant l'appartement qu'elle partage avec Michael, on entend la voix d'un annonceur-radio.

Voix radio

5 : 39 right now, give or take a few seconds, in beautiful downtown Toronto. It's snowing, it's cold and it's winter. If you're going out, be aware that it will also be dark all night. And for all you people out there, caught in the traffic jams of the nation, wherever you may be, here is something to smooth out your troubles. It's old, it's antique but it slows the hell out of you : Samba Pa ti with Carlos Santana.

La musique commence sous sa voix.

And remember that it's now full Summer in Brazil. Don't hate them for that, they had nothing to do with Toronto. It's all our fault !

Scène 6

Hélène et Michael.

Michael entre, un journal sous le bras et un sac d'épiceries dans l'autre.

Michael

What a lousy day! Tu as vu la température qu'il fait ?

Elle va à sa rencontre. Elle l'enlace. L'embrasse. Se colle sur lui.

Hélène

Hey, tu ne m'as pas donné de bec.

Michael

Oh sorry. I'm sorry.

Il l'embrasse.

Hélène

Rappelle-toi que c'est la première chose que tu dois faire quand tu me vois.

Michael

I'm sorry, I had a miserable day.

Hélène
Puis tu dois me parler français tout le temps. J'ai promis à ta mère.

Il enlève son manteau, s'assoit, met ses pieds sur la table et commence la lecture du Globe and Mail.

Michael
Qu'est-ce que tu as fait aujourd'hui ?

Hélène
Pas grand-chose. J'ai mis de l'ordre dans mes affaires. J'ai fait tout un côté de cassette pour mon journal parlé. Ça fait six mois aujourd'hui que je fais ces enregistrements-là puis, quand j'en aurai fait un an, je te les ferai écouter.

Michael
Is that so ? C'est tout ce que tu as fait aujourd'hui ?

Hélène
Qu'est-ce que tu veux dire : « C'est tout ce que tu as fait aujourd'hui ? »

Michael
Rien. Rien, juste que ton journal, ça te prend de plus en plus de temps.

Hélène
C'est parce qu'il se passe de plus en plus de choses dans ma vie.

Michael
My God, listen to this.

Il lit tout haut une annonce du Globe and Mail.

Hélène

Ces jobs-là, ce n'est pas pour des ignorants comme nous autres. Faut avoir des diplômes d'ici à demain puis, même à ça, ils doivent avoir comme deux mille demandes.

Michael

I know, but j'ai besoin de rêver de ce temps-là. *So let me dream*… Je n'ai pas envie de passer ma vie à couper des feuilles de *plywood* dans la shop à mon oncle.

Hélène

Ouvrant le sac d'épiceries et y trouvant, entre autres, une pinte de lait.

Michael, ce n'est pas ça que je t'ai demandé.

Michael

Arrêtant sa lecture.

Demandé quoi ?

Hélène

Tu as apporté du lait 2 %, puis c'est de la crème à céréales que tu devais passer prendre.

Michael

Well, come on now. Pour mettre dans des Kraft Dinner, qu'est-ce que ça peut faire, la différence ?

Hélène

Ça donne un meilleur goût. C'est ça la différence.

Michael

Well, why don't you go and get it yourself? It seems to me that you have a lot of time on your hands these days.

Hélène
C'est quoi que tu veux me dire, Michael ?

Michael
Je veux dire que, vu que tu ne travailles pas, ça ne devrait pas être une si grosse affaire que ça d'aller au dépanneur. C'est juste à côté.

Hélène
Veux-tu dire que je perds mon temps ?

Michael
Je n'ai pas dit ça. *You're jumping to conclusions again.*

Hélène
Tu trouves que je saute aux conclusions parce que je ne suis pas dans le chemin du matin au soir à me chercher une job ! C'est-tu ça qui te fait dire que je perds mon temps ?

Michael
Hélène, *cut it out ! I had a rough day. I don't feel like getting into this.*

Hélène
T'as eu un *rough day* ! Ben, moi aussi. Penses-tu que c'est plaisant de rester ici à regarder les quatre murs de l'appartement ?

Michael
Well, my God ! Tu veux dire que, dans trois mois dans une ville comme Toronto, que tu n'as pas pu te trouver de job. *There's something wrong.*

Hélène
Premièrement, je parle mal anglais, je n'ai pas envie de faire n'importe quoi, puis je n'ai pas de diplôme.

Michael
Bien, comment ça se fait que moi, je fais n'importe quoi même si je n'ai pas de diplôme ?

Hélène
Peut-être que tout le monde n'a pas la chance d'avoir un oncle comme le tien, Michael.

Michael
I'm only doing this in the meantime. Tu sais, en attendant de partir ma propre business.

Hélène
En tout cas, ce n'est pas parti pour ça.

Michael
Well, trouve-moi du *cash* puis je pars ma business demain matin, si tu veux, puis je te mets premier vice-président.

Hélène
Dans ce cas-là, appelle ton père. Dis-lui que je veux devenir première vice-présidente. Vite. Ça presse.

Michael
You know damn well that I can't do that.

Hélène
Non ? Pourquoi pas ?

MICHAEL

Je veux le faire tout seul. *On my own.* C'est pour ça que je suis revenu ici. C'est pour ça que je veux une de ces *fat* jobs-là.

Faisant allusion aux annonces du Globe and Mail.

Faire de l'argent. Vite. *Make a fast buck.*

L'éclairage baisse sur eux. De l'autre côté de la scène, l'éclairage monte sur Pierre.

Scène 7

Pierre

Pierre, une machine enregistreuse à la main.

Pierre

21 mars. Premier jour du printemps. Il neige encore. Ici, on est enterré sous la neige. Comme je sais que tu n'es par trop forte sur l'écriture... Comme je sais que tu n'es pas trop forte sur l'écriture... C'est le moins qu'on puisse dire... J'ai reçu ta carte postale, Hélène, avec les deux seuls mots que tu as trouvé le temps de m'écrire depuis les trois mois que tu es partie. Je m'en souviendrai toute ma vie. Deux mots. Juste deux mots: Oublie-moi. C'est ce que tu m'as écrit: Oublie-moi. En plus que tu as eu la face de m'envoyer ça pour la Saint-Valentin! Tu parles d'un beau valentin, toi...! En tout cas, je sais que toi, ça ne t'as pas pris de temps pour m'oublier. Bien, je ne t'oublierai pas, si tu veux savoir. Je ne t'oublierai jamais. Ce sera ma plus belle vengeance...

Il arrête l'enregistrement.

Je ne peux pas lui dire ça… Autrement, je vais l'énerver comme il faut puis elle ne voudra plus jamais me parler…

Il réécoute le début de ce qu'il a enregistré.

OK. Ça c'est bon. Ça avec…

Rembobine et réenregistre.

21 mars. Premier jour du printemps. Premier jour du printemps. Comme je sais que tu n'es pas trop forte sur l'écriture…

Un temps.

Puis comme il fait beau aujourd'hui, j'ai pensé t'envoyer une cassette avec ma voix qui te rappellera de bons souvenirs, j'espère… J'ai reçu ta carte postale de Toronto avec les deux seuls mots que tu m'as écrits depuis que tu es partie. Oublie-moi. C'est un drôle de message, tu ne trouves pas ? Je suis certain que tu n'y as pas pensé, mais la carte est arrivée le 14 février, jour de la Saint-Valentin, jour de la fête des amoureux, comme tu sais. Je sais que c'est quétaine. Je sais que ça ne veut rien dire, la Saint-Valentin. Je sais que c'est juste une date sur le calendrier pour un gros *rush* dans les magasins. Mais ça m'a quand même fait drôle, quand j'ai lu ça un 14 février avec la neige qui n'arrêtait pas de tomber dans toutes les vitres de la maison.

L'éclairage baisse sur Pierre.

Scène 8

Hélène et Michael.

Les lumières montent sur Hélène, qui écoute l'enregistrement de Pierre.

Pierre

Je ne veux pas te faire brailler avec ça. Je sais que c'est mon problème à cette heure. Je sais qu'on a d'autres choses à vivre, comme tu m'as si bien dit avant de t'en aller. C'est à peu près tout ce que j'avais à dire. Pour le reste, c'est un enregistrement de la neige qui tombe. Ça ne fait pas beaucoup de bruit, la neige qui tombe, ça fait que tu pourras l'écouter aussi souvent que tu en as envie. Ça va t'aider à t'endormir. Fait que… bonne nuit.

Hélène éteint son appareil. Sur ce, Michael entre avec un bouquet de fleurs à la main. Il va vers elle discrètement. Il s'approche et l'embrasse dans le cou. Elle répond à peine. Il est très prévenant envers elle.

Michael

Tu travaillais sur les *tapes* du Watergate ? Tu sais que c'est ça qui a trahi Nixon.

Hélène
C'est qui ça, Nixon ?

Michael
C'était le président des États-Unis jusqu'en 1974. Il enregistrait toute sa vie et quelqu'un est tombé sur ces *tapes*-là. *Something like that. So*, tu vois où ça peut mener si tu mets pas un *secret code* là-dessus.

Hélène
Oui, je vois.

Un temps.

Surtout que je viens de faire une entrée qui commence par « 12 avril. Hier soir, Michael n'est pas rentré. » Juste ça. « Michael n'est pas rentré. »

Michael
Well, on a fêté un peu trop tard… Après, on est allés chez Ted puis… *I passed out on his couch*. Puis, quand je suis rentré, je n'ai pas voulu te réveiller…

Hélène
Vraiment ? Puis tu n'as jamais pensé à téléphoner…

Michael

Agacé.

Is this some kind of RCMP investigation ?

Hélène
Non, c'est pas ça, Michael. C'est juste que je ne sais pas ce qui nous arrive. J'ai remarqué que t'es de moins en moins là. Puis quand t'es là, tu n'es pas vraiment là. Tout ce que je fais t'énerve. Tout ce que je dis t'énerve…

Michael

Well, je ne sais pas où tu vois ça. Peut-être que je suis fatigué. Peut-être bien que ma job me tombe sur les nerfs. *Could be anything*. Moi, je n'ai pas l'impression d'être si différent que ça.

Hélène

Elle lui montre un briquet qu'elle sort d'une de ses poches.

Puis ça, c'est quoi, Michael ?

Michael

Un *lighter*. Un briquet.

Hélène

Sais-tu à qui il appartient ?

Michael

How would I know ?

Hélène

Come on, Michael. Je l'ai trouvé dans une de tes poches en faisant le lavage. Tu dois savoir à qui…

Michael

Really ? Well someone must have put it there…

Hélène

C'est un beau briquet. Il y a des initiales dessus. SM. SM ? SM…

Michael

Pour faire de l'humour.

Sex and Money !

HÉLÈNE
Elle ne trouve pas ça drôle.
Qui ça peut bien être ?

MICHAEL
All right… All right… You know as well as me that it's Sandra.

HÉLÈNE
Oui, je sais que c'est Sandra Mylan, ton ex-blonde qui ne t'a jamais donné signe de vie avant que tu mettes les pieds à Toronto.

MICHAEL
Well… Je croyais l'avoir oubliée… Puis, l'autre jour, juste comme je rentrais dans un dépanneur pour acheter des cigarettes…

HÉLÈNE
C'est de valeur, toi qui essayes d'arrêter de fumer…

MICHAEL
Puis je suis tombé face à face avec elle…

HÉLÈNE
Bien oui, tout ça se tient. Les cigarettes, le briquet.

MICHAEL
C'est tout ce que tu trouves à dire ?

HÉLÈNE
Non, mais j'attends la suite. On ne sait jamais. Peut-être que tu vas me dire que tu étais content de la revoir. Ou que tu lui as donné rendez-vous. Ou

que vos amours ont repris juste là dans le dépanneur. Ou que vous êtes déjà mariés. Ça fait que j'attends la suite.

MICHAEL
You're crazy!

HÉLÈNE
Would you repeat that please? Regarde-moi dans la face puis dis-moi encore une fois que je suis folle. Si je suis folle, Pierre, je veux dire Michael, c'est d'amour pour toi. Puis c'est ça, c'est vrai que je suis folle.

MICHAEL
It's not easy. Je vous aime toutes les deux. Si seulement quelqu'un d'autre pouvait décider pour moi…

HÉLÈNE
Ce serait trop simple.

MICHAEL
Je crois que j'ai besoin d'un peu de temps pour réfléchir. *Be by myself*. Sinon, moi avec, je vais devenir fou…

HÉLÈNE
Aimerais-tu qu'on prenne un peu de temps chacun de notre côté pour penser à notre affaire?

MICHAEL
I didn't say that. Je n'ai pas dit ça.

Hélène
À Toronto. Où d'autre ?

Pierre
C'est juste que ta voix sonnait vraiment proche. On aurait dit que tu étais revenue par ici. Comment ça va ?

Hélène
Ça va.

Pierre
Michael ?

Hélène
Ça va.

Pierre
Ça veut dire quoi : « Ça va » ? Moi, je crois que ça ne va pas si bien que ça…

Hélène
Disons que… non… Ça ne va pas si bien que ça.

Pierre
Tu vois, je t'avais bien dit de ne pas te fier à ces *blokes*-là…

Hélène
Pierre… si tu es parti pour me faire la leçon, j'aime autant raccrocher tout de suite. Je n'ai pas besoin d'une deuxième mère. J'en ai une qui fait vraiment bien ça.

Pierre
Bien voyons, ça va-tu si mal que ça?

Hélène
Laissons faire mon cas. J'appelais juste pour m'informer. Prendre des nouvelles. Sur ton enregistrement, t'avais l'air au bord de la dépression.

Pierre
Non, non. C'était juste une journée où j'avais les bleus, puis je pensais à toi. Je pense souvent à toi. Ensuite, j'ai voulu te téléphoner pour te dire de ne pas trop prendre ça au sérieux, mais ça a dû me sortir de l'idée...

Hélène
À part ça?

Pierre
À part ça quoi?

Hélène
Qu'est-ce que tu fais de bon?

Pierre
Bien, je travaille beaucoup, parce que mes notes n'étaient pas bien bonnes avant Noël puis si je ne veux pas perdre mon année, faut que je grouille...

Hélène
Puis comment va... comment va ton cœur?

Pierre
Disons que je n'ai pas encore fait de crise cardiaque. Je me soigne…

Hélène
As-tu recommencé à sortir avec quelqu'un d'autre ?

Pierre
Oui, j'ai une fille en vue là, mais elle… elle est avec quelqu'un.

Hélène
Ah mon Dieu ! Ça recommence.

Pierre
Oui, ça à l'air qu'on ne se dompte pas, hein ? Puis toi ?

Hélène
Ah ! moi, ça va super bien. Je me suis trouvé une job qui paye. Michael avec, il travaille beaucoup. Je te dis qu'on ne se voit pas souvent mais on passe du bon temps ensemble. On sort beaucoup. On va partout. Je te dis, ça n'arrête pas une minute. C'est à peine si on a le temps de dormir.

Pierre
Bon ! Bon, je suis content de savoir ça. J'espère que vous trouverez le temps de venir nous voir.

Hélène
C'est qui ça, « nous » ?

Pierre
Oui, moi et Nathalie…

S'apercevant de sa gaffe.
Je veux dire que, d'ici à ce temps-là, ça devrait être ma nouvelle blonde!

HÉLÈNE
Ah bien oui… Je suis contente que tu t'es remis sur pieds, puis je t'embrasse… Ah! Michael me dit de te faire ses saluts. Il dit qu'il ne peut pas venir au téléphone…

PIERRE
Bien, moi aussi, je suis content que tu aies appelé. On a quand même eu du bon temps ensemble.

HÉLÈNE
Oui. Oui, on a eu du bon temps ensemble. Du vrai bon temps. Faut que je raccroche, Pierre, parce que Michael m'attend pour aller au restaurant. Je t'embrasse bien fort, Pierre. Fais attention à toi.

PIERRE
Oui. C'est ça. Moi aussi. Moi aussi, je t'embrasse bien fort.

Les deux raccrochent. L'éclairage baisse sur Pierre. Hélène, qui garde ses enregistrements sur CD dans une sorte d'étui, met celui qui débute par: « Il y a une semaine, j'ai rencontré un gars vraiment le fun. Il s'appelle Michael Stewart… » Pendant que l'enregistrement joue, elle sort de scène, va chercher une petite valise, l'ouvre et commence à y mettre ses affaires. Elle sort. L'éclairage monte sur Michael qui entre dans l'appartement pour tomber sur un CD, qu'il met dans le lecteur.

Voix d'Hélène
12 avril. Aujourd'hui, je me suis séparée d'un gars vraiment le fun. Il s'appelle Michael Stewart. On dit souvent que l'amour rend aveugle, et ç'a l'air que j'étais vraiment aveugle. J'ai perdu la vue. J'ai perdu la tête. Autant dire que j'ai tout perdu. J'espère que ça m'aidera à oublier. De la même manière que Pierre m'a oubliée, il va falloir que je t'oublie, Michael. L'amour, quand ça marche, c'est tellement plaisant puis on oublie que c'est plaisant. Mais quand ça fait mal, on voudrait juste crier. J'ai fait souffrir Pierre et là, c'est toi, Michael, qui me faits souffrir. Je pourrais dire que tout ça, c'est de ma faute. Si je n'avais pas laissé Pierre… mais… mais ç'a l'air que c'est ça, la *game*. Mais comme c'est là, c'est *game over*, Michael. *Game over*.

Michael prend le téléphone.

Pierre
Oui, allô.

Michael
Hello Pierre. Michael Stewart.

Pierre
Mon Dieu, qu'est-ce qui vous prend ? Venez-vous juste de vous faire installer le téléphone ?

Michael
Why do you say that ? Pourquoi tu me dis ça ?

Pierre
Il y a à peine une heure, c'est Hélène qui m'appelle.

Là, c'est toi. C'est ma journée, on dirait, pour vous parler.

MICHAEL
Listen, Pierre, it's not funny. Hélène a pris ses affaires puis elle est partie sans me dire où elle s'en allait. Comme tu sais, Toronto, c'est une grande ville où on peut vite se perdre…

PIERRE
Comment ça, elle est partie ? Elle vient de me parler. C'est quoi, votre *game*-là ?

MICHAEL
C'est quoi qu'elle t'a dit au juste ?

PIERRE
Paraît que c'est le bonheur parfait entre vous deux…

MICHAEL
Pierre, *this is serious…*

PIERRE
Moi, je te dis juste ce qu'elle vient de me dire…

MICHAEL
Je ne comprends pas qu'elle ait dit ça. Elle vient de s'en aller puis…

PIERRE
Comment ça, s'en aller ?

MICHAEL
It's a long story. Tu es sûr ? Elle ne t'a pas dit où elle s'en allait ?

Pierre
Elle était pas partie pour s'en revenir, je peux te dire ça. Si je serais toi, je décollerais après elle au plus vite…

Michael
Do you know… As-tu une idée combien de personnes qui vivent à Toronto… ?

Pierre
Plus que par ici, ça je sais ça.

Michael
You're not funny, Pierre…

Pierre
I'm not funny, hein ? Bien, je vais te dire une chose, Michael. Tout ça ne serait pas arrivé si tu l'avais laissée tranquille puis si elle était restée par ici…

Michael
Pour faire quoi ?

Pierre
Pour faire du bon sens.

Michael
Oh yeah ! What's so hot about living in the Maritimes ? C'est à la veille d'être fermé pour être vendu à l'ouest. Puis, si tu veux mon idée, vous devriez déménager tandis que les billets sont encore *available*.

Pierre

Garde tes conseils pour toi, Michael Stewart. On sait ce que ça vaut.

Michael

Anyway… Listen… Si elle appelle, peux-tu lui dire qu'elle me rappelle au plus vite… *like right now…*

Pierre

Tu n'as pas fait assez de dégâts comme c'est là ?

Michael

Thanks a lot, Pierre. Merci beaucoup. *You're a true gentleman. Very helpful.*

Il raccroche avec force et, tandis qu'il est au téléphone, il en profite pour composer un autre numéro.

Voix de Sandra

Hello, this is Sandra Mylan. Obviously I'm not here and I'm soooo sorry. But this crazy machine is fantastic. It takes messages and it talks back to me and I obey it. It's magic. So don't be shy. Go ahead and talk…

Bip sonore.

Michael

Sandra, could you get rid of that stupid message of yours? By the way, I won't be able to make it for the movie… I'll tell you why… There's been some complications… Lots of kisses…

Scène 9

Hélène.

L'éclairage monte sur Hélène. Elle a un casque d'écoute et un micro. À la trame sonore, on entend la fin de la chanson « On meurt tous d'amour » de Valérie Lagrange.

Hélène

Voilà. C'était Valérie Lagrange et « On meurt tous d'amour », une chanson qui me rappelle bien des souvenirs. C'était il y a cinq ans, aujourd'hui même. À l'époque où je me suis enfuie, si l'on peut dire, à Toronto, parce qu'imaginez-vous que j'avais l'impression de m'ennuyer à mourir. Et je suis partie comme ça avec un beau jeune homme mais, comme bien des coups de foudre, ça n'a pas duré. Malheureusement. Malheureusement ou plutôt heureusement, parce qu'autrement, je ne serais pas ici en train de vous parler par ce bel après-midi du mois de septembre. Ah ! l'amour…

Parlant d'amour, saviez-vous que des chercheurs de l'Université du Minnesota ont découvert que les gens en amour vieillissent moins vite que ceux qui ne le sont pas ? C'est une étude qu'ils ont faite sur une période de 20 ans et qui a nécessité la participation de 200 couples. Eh bien, c'est beaucoup de temps et d'argent pour prouver une chose que nous savons tous depuis longtemps…

Sa voix se mêle au thème de la fin de l'émission.

C'est malheureusement le temps de se quitter pour aujourd'hui. C'est malheureux, mais ce qui est heureux, c'est que demain nous allons nous retrouver. D'ici là, portez-vous bien, soyez en amour et revenez-nous même heure, même poste. Ici Hélène Blanchard et toute l'équipe qui vous souhaitent de passer une excellente journée à notre antenne.

Scène 10

Hélène et Pierre.

Le thème de l'émission prend fin presque aussitôt. Hélène enlève son casque d'écoute, se lève et commence à ramasser ses affaires.

Pierre

C'est bien ici le studio B ?

Hélène

Non, c'est un peu plus loin. Vous prenez… Pierre !

Pierre

Qu'est-ce que tu fais là ?

Hélène

Ce serait plutôt à moi de te demander la même chose.

Pierre

Moi, je n'ai jamais bougé d'ici, mais toi ?

Hélène

Je suis revenue, imagine-toi.

Pierre
Mais… ?

Hélène
Je crois bien que je m'ennuyais. Ça doit être ça.

Pierre
Il y a longtemps ?

Hélène
Je viens d'arriver. J'ai vu une offre de travail intéressante puis ç'a juste bien tombé là où j'étais rendue dans ma vie.

Pierre
Je ne savais pas que tu travaillais à la radio ?

Hélène
J'ai toujours aimé ça, parler aux machines ! Ça fait deux ou trois ans. J'ai commencé dans une petite station FM à Toronto et…

Pierre
La dernière fois qu'on s'est parlés, c'est quand tu m'avais appelé de Toronto.

Hélène
Ah, cette fois-là ! J'étais à mon plus bas, comme on dit.

Pierre
Michael m'a téléphoné juste après. Lui non plus, ça ne pétait pas le feu. Qu'est-ce qu'il devient, Michael ?

Hélène
Aucune idée. La dernière fois que j'ai parlé à un de ses amis, paraît qu'il était marié.

Pierre
Avec Sandra ?

Hélène
Qui d'autre ? Ils ont une petite fille. Paraît qu'il veut encore se lancer en affaires. En attendant, il travaille pour son père. En attendant. Il fait partie du monde qui attendent.

Pierre
On dirait que tu lui en veux.

Hélène
Ah non ! Mon Dieu, non ! C'est un genre, mais j'ai compris assez vite que ce n'était pas mon genre.

Pierre
Un temps.
T'es heureuse ?

Hélène
Mon Dieu, la question à un million $.
Elle regarde sa montre.
10 h 05 en ce beau matin ensoleillé, suis-je heureuse ?

Pierre
Tu n'es pas forcée de répondre. Je voulais juste…

Hélène
Non, non, c'est juste que c'est un mot difficile… Ça

change avec chaque personne, le bonheur. Toi ? Es-tu heureux ?

PIERRE

Des fois, oui. Des fois je dirais ça, que je suis heureux.

HÉLÈNE

C'est quoi qui te rend heureux ? C'est quoi la cause de ton bonheur ?

PIERRE

Toutes sortes de petites choses. Des choses que quelqu'un d'autre ne remarque même pas, mais qui me rendent heureux.

HÉLÈNE

Du monde comme moi, ce n'est peut-être pas fait pour être heureux. Peut-être que j'en veux trop…

PIERRE

Peut-être que la vie, c'est moins compliqué qu'on le croit…

HÉLÈNE

Ah ça ! C'est le secret de la jeunesse…

PIERRE

Un temps.

Il y a une chose que j'ai toujours voulu te demander. Quand tu m'as téléphoné de Toronto, si je ne t'avais pas parlé de Nathalie…

HÉLÈNE

Oui, je serais revenue, si c'est ça que tu veux savoir.

PIERRE

Évitant de poursuivre la conversation.

T'es revenue pareil!

HÉLÈNE

Oui, mais beaucoup plus tard.

PIERRE

Pourquoi?

HÉLÈNE

Je m'ennuyais de la mer.

PIERRE

T'aurais dû me dire que tu voulais revenir.

HÉLÈNE

Maintenant que j'y pense, je ne suis pas certaine si ça aurait été une si bonne idée.

PIERRE

Qu'est-ce qui te fait dire ça?

HÉLÈNE

Parce que je serais revenue en arrière, puis pour moi ce qui compte, c'est l'avenir. C'est l'avenir qui est intéressant. C'est là où on peut changer tout ce qui nous dérange. Les enfants, eux autres, ils l'ont l'affaire. Ils ont l'avenir. Tu en as?

PIERRE

Distrait.

Quoi ça?

HÉLÈNE

Des enfants. Tu en as?

Pierre
Oui, deux. Un gars, une fille.

Hélène
Dèjà ? Deux ? Vous n'avez pas perdu de temps.

Pierre
Nathalie voulait ça comme ça. Ç'a pas été facile. Surtout qu'on les a eus quand on était tous les deux aux études. Toi ?

Hélène
Pas encore. Pas encore, mais ça viendra. Jean-Pierre, lui, il en voudrait demain matin si je l'écoutais. On voit bien que ce n'est pas lui qui les fait.

Pierre
Jean-Pierre ?

Hélène
C'est l'homme « dans ma vie ». Tu remarqueras que j'ai bien dit l'homme « dans » et non pas l'homme « de » ma vie.

Pierre
Et tu l'aimes ?

Hélène
Je ne sais pas. Ça doit. Ça fait longtemps que je n'ai pas dit ça. Quand t'aimes quelqu'un, tu finis tout le temps par avoir besoin de lui et il finit tout le temps par avoir besoin de toi. Puis toi, tu finis par t'oublier. Ça finit par prendre trop de place. Ça finit par prendre toute ta vie.

Pierre
C'est sûr que c'est un gros risque, mais…

Hélène
Vas-tu me faire la leçon ?!

Pierre
Non, non, j'ai passé cet âge-là, mais…

Hélène
Qu'est-ce que tu allais dire ? Je t'ai coupé.

Pierre
J'allais dire que vivre, c'est risquer de se faire bien mal, mais c'est ça la vie. C'est comme les enfants quand ils tombent, ça doit leur faire mal, mais c'est à ce prix-là qu'on apprend à marcher.

Hélène
Oui, papa !

Pierre
Tu ne changeras jamais. Ça doit être ça qui fait ton charme…

Hélène
Imitant Michael.
Non, c'est la pensée positive.

Pierre
Ah ! mon Dieu… S'il vous plaît… *Please.*

Hélène

C'est drôle que toi, tu peux parler aussi ouvertement de tes sentiments tandis que moi, ça me gêne tout le temps.

Pierre

C'est parce que longtemps, longtemps passé, j'ai rencontré une fille qui s'appelait Hélène et qui m'a dit que, de temps en temps, il fallait que je sois sérieux. Depuis ce temps-là…

Hélène

Ironique.

Ça doit être ça, oui !

Pierre

Il n'y a rien à faire avec toi !

Il regarde sa montre.

Aïe ! je suis en retard. C'est où, encore, le studio B ? Je suis supposé être là à 10h15.

Hélène

Tu as encore du temps. C'est dans cinq minutes, juste à côté.

Pierre

Ah ! oui. Comment ça se fait que j'ai 10h16 ? Je te dis, cette montre-là va me rendre fou.

Hélène

Change-la.

Pierre
Faut que j'y aille. Je ne suis pas comme toi, moi. Je ne passe pas ma vie devant un micro. Il me faut du temps pour me préparer mentalement.

Hélène
Penses-y pas. Concentre-toi sur ce que tu as à dire.

Pierre
Oui, oui, facile à dire. En tout cas, j'aimerais ça que tu me donnes de tes nouvelles. Vu qu'on se voit juste à tous les cinq ans !

Il lui donne sa carte d'affaires.

Hélène
Wow ! Ç'a l'air *official*.

Elle lit.

Landry, O'Connel *and* Ferguson, consultants en informatique. Comment ça ? Tu devais pas aller en médecine vétérinaire, toi ?

Pierre
Ç'a l'air que ce sera pour une autre vie !

Hélène
C'est comme nous, ce sera peut-être pour une autre vie !

Pierre
Ah ! Ça se peut bien ! Tout se peut !

Hélène
Je vais te conduire au studio B. C'est sur mon chemin.

FIN

Cap Enragé

Cap Enragé a été créé le 3 octobre 1992, à la polyvalente Mathieu-Martin de Dieppe par le théâtre l'Escaouette de Moncton, en coproduction avec le Théâtre français du Centre national des arts à Ottawa.

Les concepteurs

Texte	Herménégilde Chiasson
Mise en scène	Marcia Babineau
Scénographie	Pierre Perreault
Éclairages	Guy Babineau
Musique	Claude Guy Gallant
Bande sonore	Jean-Marie Morin
Régisseur	Ghislain Basque

La distribution

Patrice	Jocelyn St-Pierre
Véronique	Hélène Paulin
Victor	Éloi Savoie

0. Sur les lieux.

Le gyrophare d'une voiture de police.

On entend d'abord le bruit des vagues qui frappent sur le rocher. Parfois un chien policier qui jappe. Puis vient le son des « walkie-talkies » des policiers.

CB 1

Yeah, we just found him. Well the dog found him. It's a good thing because, in an hour, with the high tides, it would have been another ball game…

CB 2

You've sent everybody home?

CB 1

Yeah, we just did.

CB 2

OK. You've kept Patrice Léger? I guess we'll have him sleep over at the station…

CB 1

They won't question him tonight?

CB 2

No, not tonight. Time to go to bed!

CB 1

Well, we still have a couple of hours ahead of us. I hate these long weekends. And besides, I've missed the World Series finals. Do you know the score?

CB 2

I'm not a fan. Sorry.

Sirène.

They're here, so I'll have to direct them over. Can you flag us with a flashlight or light a flare if you have one? See you in a minute. Over.

CB 1

Over.

1. Lundi. 10h13.

Victor

Au téléphone cellulaire.

Mille cinq cents piastres! Comment ça, mille cinq cents? L'année passée, on a fait 2000 et plusse... Qui c'est qui s'est occupé des commanditaires?... Je te l'avais dit que ce gars-là, c'était un téteux, on n'aurait jamais dû... Ça fait trois ans qu'on organise un tournoi de golf pour aider les jeunes qui sortent de prison. Trois ans. Ce n'est pas comme si on venait de penser à ça, là. Le monde sait où l'argent s'en va. Semble que ce n'est pas difficile d'aller chercher des commanditaires. Ben non. Comment ça se fait que, dans chaque organisation, il y a tout le temps un branleux qui finit par paralyser toute la machine...?

Il aperçoit Patrice.

Faut que je te quitte... Bye.

Il raccroche.

À Patrice.

Bonjour. Caporal Victor Blanchard.

Il s'avance pour lui donner la main, mais Patrice ne réagit pas.

Patrice Léger, c'est bien ça… ?

PATRICE

…

VICTOR

Aïe, je te parle, chose. Et quand je te parle, tu réponds. OK ? C'est comme ça que ça marche ici. C'est-tu clair ça ?

PATRICE

Tu devrais savoir que c'est ça mon nom. Je suis la seule personne ici dedans. C'est pourtant…

VICTOR

J'te conseille de me répondre comme du monde, parce que ça va aller ben mal pour toi, mon jeune blanc-bec…

PATRICE

Dans ce cas-là, appelle-moi donc Rex ou n'importe quel nom de chien, si ça fait ton affaire…

VICTOR

Dimanche le 11 octobre 1998, hier, à six heures de l'après-midi, t'étais bien à Cap Enragé… ?

PATRICE

Puisque tu le dis, ça doit être vrai…

VICTOR

Écoute bien, j'ai une job à faire ici, OK ? Peut-être qu'on aurait pu se rencontrer dans une meilleure place, mais tu sais comme moi que souvent on ne choisit pas la place pour rencontrer le monde. Ça fait que c'est moi qui dois prendre ta déposition. Si tu veux pas me la donner, moi, ça me fait pas un pli, mais tu ne vas pas continuer à me niaiser comme ça, parce que ça va juste faire monter notre pression. Ça fait que tu me dis ce que je veux savoir, et le plus vite que tu vas me le dire, le plus vite qu'on pourra passer à d'autres choses…

PATRICE
Comme quoi ?

VICTOR
Ton procès.

PATRICE
Mais je suis innocent, moi. Pourquoi je devrais être accusé ? De quoi vous m'accusez ?

VICTOR
Il n'y a pas d'accusation de portée. Du moins pas encore. C'est pour ça que ça m'aiderait si tu t'aidais un peu. As-tu un avocat ?

PATRICE
Non. C'est déjà tout décidé dans votre tête. Vous m'avez déjà jugé. Hier, on était huit à Cap Enragé. Comment ça se fait qu'il y a juste moi ici aujourd'hui ? Combien d'années que je vais prendre ?

VICTOR
Ce n'est pas moi qui décide ça, OK? Arrête de t'énerver puis parle-moi. Assis-toi… J'ai dit assis-toi…

Va-tu falloir que je t'assois moi-même?

Le téléphone sonne.

Pousse-moi pas à ma limite, parce que tu ne sais pas ce que je suis capable de faire…

Il répond.

Oui, il est avec moi. Je sais bien, mais il ne veut pas d'avocat… Je le sais, mais quoi c'est que tu veux, c'est une tête forte… Ouais… Bon, bien, je vais essayer de lui faire comprendre, mais ce n'est pas sûr qu'il va vouloir. Bien oui, mais quoi c'est que tu veux, je peux quand même pas me mettre à cogner dessus. Oui, c'est ça… On s'en reparlera ce midi. C'est ça. Salut. Non, pas au Country. Ailleurs… Je ne sais pas… Choisis, toi. C'est ça.

PATRICE
Des bonnes nouvelles?

VICTOR
Écoute, je vais te dire une chose, mon gars…

PATRICE
Je ne suis pas ton gars…

VICTOR
Puis c'est bien de valeur, parce que si t'étais mon gars, tu peux être certain que tu ne me parlerais pas de même…

PATRICE
T'aimerais ça que je t'appelle monsieur, que je me traîne devant toi comme un chien qui vient de manger une volée. Compte pas sur moi pour

prouver que t'es le boss… Tu peux la jouer tout seul, ta *game*, et tu peux être…

VICTOR

Ferme ta gueule. Ferme ta grande gueule, parce que si tu ne la fermes pas, j'en connais d'autres qui vont te la fermer puis pour un bon bout de temps. Puis quand tu sortiras, tu diras s'il vous plaît, merci, puis monsieur à du monde comme moi, OK ? Parce qu'à ton âge, ce n'est pas le temps de jouer avec la loi, parce tu vas t'apercevoir que c'est fort, la loi, c'est autrement plus fort que tout ce que tu penses. As-tu déjà visité une prison ? Voudrais-tu que je t'amène pour une petite visite guidée ? Sais-tu ce qui se passe là-dedans ? Avec ce que tu viens de me dire, il ne te resterait pas une seule dent dans la gueule à l'heure qu'il est. Ça fait que, assis-toi puis arrête de paniquer parce que tu joues gros, mon jeune. Tu joues bien gros. Tu joues ta vie, là, puis c'est une *game* qui peut te coûter bien cher. Tu as une petite amie, Véronique McLaughlin ? C'est bien ça ?

PATRICE

Elle n'a rien eu à faire là-dedans. Je ne vois pas pourquoi…

VICTOR

Je ne dis pas qu'elle est mêlée à ça.

PATRICE

Vous salissez tout ce qui vous tombe sous la main…

Victor
Je te demande si c'est quelqu'un que tu connais…

Patrice
C'est à moi que vous avez à faire. Je suis là. Ça ne vous suffit pas ?

Victor
C'est une question. Simple question. Puis pourrais-tu t'asseoir, tu m'énerves… ?

Patrice
Il s'assoit.
C'est vrai qu'elle était à Cap Enragé avec les autres, mais…

Victor
Mais ?

Patrice
Mais elle n'a rien eu à faire là-dedans.

Victor
Comme ça, ce n'est pas elle puis ce n'est pas toi. Vous étiez huit à Cap Enragé. Là-dessus, il y en a quatre qui vous ont vu partir, toi, Véronique, Martin, qu'on a retrouvé six heures plus tard en bas du cap, et Sophie, qui nous a dit que vous étiez avec Martin quand il a disparu.

Patrice
On n'était pas avec lui. Ça, c'est elle qui le dit. Comment ça se fait que vous la croyez, elle, puis que vous ne me croyez pas, moi ?

VICTOR
Bien, si tu parlais, peut-être bien que ça t'aiderait… Mais tel que c'est là…

PATRICE
Je vous ai dit tout ce que j'sais, puis vous ne me croyez pas pareil. Même si je le disais jusqu'à virer fou, quoi c'est que ça changerait ? Ça fait que je suis aussi bien de me taire…

VICTOR
Ce qu'on veut, c'est des détails… Des dé – tails.

PATRICE
Ce que tu veux faire, c'est me faire parler jusqu'à temps que je me mêle comme il faut, puis après tu me feras dire ce que tu voudras. J'ai déjà vu ça à la télévision. Le gars se met à parler jusqu'à temps qu'il finit par tout avouer. Tu ne m'embarqueras pas dans ce jeu-là.

VICTOR
La seule raison qui fait que t'es… Personne dit que c'est toi, mais les preuves sont contre toi parce que, vendredi passé, tu avais dit : « Martin, ça sera pas long que m'en vas lui régler son cas. » Tu te rappelles de ça ?

PATRICE
Oui, mais ça, ça ne veut rien dire. J'ai dit ça pour bien du monde… Je dis ça tout le temps…

VICTOR
Oui, mais ce même vendredi-là, en plus de le dire,

tu t'es battu avec lui parce que, selon toi, il voulait te voler ta blonde…

PATRICE
C'est vrai. C'est Véronique elle-même qui me l'a dit. Il lui a donné un *lift*. Tout d'un coup, il a arrêté le char puis il a essayé de…

VICTOR
De ?

PATRICE
De l'embrasser. Elle s'est débattue puis elle a fini par se sauver.

VICTOR
C'est elle… C'est Véronique qui t'as dit ça ?

PATRICE
Je le sais ce que tu penses. Tu penses que c'est de sa faute. Qu'elle a couru après.

VICTOR
As-tu vu comment elle s'habille, ta petite amie ?

PATRICE
Comme ça, Martin a bien fait de sauter dessus ?

VICTOR
Bon, bon. Ensuite ?

PATRICE
Véronique est arrivée à l'école en larmes. J'ai attendu l'heure du midi puis je suis allé me placer à côté de son casier. Martin est arrivé en faisant le fou, comme

d'habitude, puis je l'ai pris à la gorge. J'lui ai dit que s'il voulait se faire les bras sur quelqu'un, qu'il serait mieux de s'essayer sur moi…

VICTOR
Puis ?

PATRICE
Puis, il l'a pas pris.

VICTOR
Ça veut dire quoi, il l'a pas pris ?

PATRICE
Il a fait l'hypocrite. Il m'a dit qu'il ne savait pas de quoi je parlais…

VICTOR
Ensuite ? ENSUITE ?

PATRICE
Bien, je l'ai brassé un peu. Juste pour lui rafraîchir la mémoire. Peut-être bien que je l'ai tapoché un peu. Je ne me rappelle plus. Mais je suis sûr que j'y ai pas fait si mal que ça, à moins qu'il soit terriblement faible…

VICTOR
Ça, ça s'appelle prendre la loi dans ses mains, puis tu peux être poursuivi pour ça…

PATRICE
On sait ben, la loi…

Victor
La loi, c'est fait pour faire la clarté. Je ne le connais pas, moi, Martin. Je ne peux pas être pour ou contre… Puis comme les morts ne parlent pas… ça laisse toi. Ça fait que si toi, tu ne parles pas, on, TU, as comme un problème, là…

Patrice
OK, OK. Quoi c'est d'autre que t'avais à me demander ?

Victor
Ça n'a pas passé inaperçu, cette affaire-là. Il y a quelqu'un qui t'a entendu dire : « M'en vas te l'arranger, ta gueule, puis quand j'aurai fini, tu auras pas envie d'embrasser une autre fille. » Qu'est-ce que tu as à dire à ça ?

Patrice
Puis ?

Victor
C'est à toi de répondre. Ta petite amie se fait faire une passe par un de tes amis… Martin, c'était un gars de votre *gang*, non ?

Patrice
…

Victor
Toi, tu décides de lui régler son cas le midi même… Les animaux font pas pire, tu sais…

Patrice
Ce n'était pas la première fois…

Victor
Le sais-tu, toi, ce qui se passait entre Véronique et lui ? Ce qui se passait vraiment ?

Patrice
Qu'est-ce qui se passait ?

Victor
Je ne le sais pas. C'est ce que je te demande.

Patrice
Véronique, c'est la seule personne qui ne me joue pas dans le dos puis dans la tête… Martin, c'était…

Victor
Quoi ?

Patrice
Rien.

Victor
Ce que je m'explique mal, c'est comment ça se fait que, deux jours plus tard, tu décides d'aller faire un pique-nique avec lui et le restant de la *gang*.

Patrice
C'était pour faire plaisir à Véronique. Elle et Sophie…

Victor
Sophie, la petite amie de Martin ?

Patrice
Véronique voulait qu'on fasse la paix après ce qui s'était passé. Elle ne voulait pas que ça change rien entre nous quatre…

Victor
Parce que, pour toi, ça avait déjà changé de quoi ?

Patrice
Moi, je voulais juste être tout seul. Je voulais être tout seul avec Véronique. Je voulais m'éloigner de la *gang*. Je voulais l'emmener loin de la *gang*.

Victor
Comment il était, Martin, quand tu l'as vu cette journée-là ?

Patrice
Il ne m'a pas parlé. C'est dur de savoir…

Victor
Pourtant, on vous a vu prendre…

Patrice
Tu crois encore que c'est moi, hein ? Tu crois que c'est moi qui l'ai poussé. C'est ça que tu crois, hein ?

Victor
Moi, je ne crois rien, les jurys ne croiront rien, le juge ne croira rien non plus. Ils vont croire les preuves puis, comme c'est là, les preuves sont contre toi, puis comme toi tu ne me dis rien…

Patrice
Mais je t'ai tout dit ce que je sais. Qu'est-ce que tu veux savoir d'autre ? Qu'est-ce que je peux te dire d'autre ?

2. Lundi. 10h45.

Véronique
Dis-moi ce qui s'est passé ! Parle…

Patrice
Toi avec, tu crois que je suis coupable ? C'est ça ?

Véronique
T'étais seul avec Martin au moment où ça s'est passé.

Patrice
Qu'est-ce que ça peut bien changer ? Ils m'ont déjà condamné… Tout le monde m'a déjà condamné…

Véronique
Sa mère m'a téléphoné. Elle pleurait. Elle a commencé par me demander si je savais où tu étais. Je lui ai dit que…

Patrice
Que j'étais en prison. Ç'a dû lui faire plaisir…

Véronique
Non. Pourquoi tu dis ça ?

Patrice
Comment ça, non ? C'est pourtant ça qu'ils veulent, toute la *gang*. Me mettre le blâme sur le dos.

Véronique
Non. Quand je lui ai dit ça, que t'étais en prison, elle s'est mise à pleurer. Puis elle a raccroché… Comment tu te sens ?

Patrice
J'ai peur, j'ai vraiment peur, je n'ai jamais eu aussi peur de toute ma vie.

Véronique
Faut pas avoir peur. Si toi, tu crois que tu n'es pas coupable, c'est ça qu'il faut leur dire. C'est ça, l'important.

Patrice
L'important, c'est que tu me croies. C'est tout ce qui compte pour moi.

Véronique
Faudrait d'abord savoir ce qui s'est vraiment passé.

Patrice
Quoi c'est que tu crois qui est arrivé ?

Véronique
C'est toi qui le sais.

Patrice
Non, je ne le sais pas. Je ne le sais pas plus que toi.

Véronique
Comment ça, tu ne le sais pas ?

Patrice
Parce que je n'étais pas là quand ça s'est passé.

Véronique
Ça se peut, mais tu es la dernière personne qu'on a vue avec Martin, hier après-midi. Ça regarde mal, Patrice.

Patrice
Écoute, j'étais là. Mais…

Véronique
Tu veux dire que tu l'as perdu de vue…

Patrice
Il m'a dit qu'il ne m'en voulait pas pour ce qui s'était passé. Qu'il comprenait. Qu'il aurait fait la même chose s'il avait été à ma place… Puis là, il s'est mis à pleurer. Puis je ne savais pas quoi faire. J'ai mis mon bras autour de son épaule, puis je lui ai dit : « Voyons Martin, c'est pas si grave que ça. » Puis là, il m'a dit de le laisser tranquille, qu'il voulait être tout seul. Je ne sais pas ce qui a bien pu lui passer par la tête.

Véronique
Qu'est-ce que ça te fait, la mort de Martin ?

PATRICE
Je suis trop mêlé pour savoir. Je n'ai jamais cru que ça finirait de même. C'est vrai que j'aurais dû rester avec lui. C'est ce que tout le monde me dit depuis hier soir, mais je ne pouvais pas savoir ce qui allait se passer…

Victor entre.

Pourquoi vous la mêlez à ça?

VICTOR
Parce qu'il faut faire la vérité sur toute l'affaire. Tout le monde a son morceau de vérité. Il va falloir mettre tous ces morceaux-là ensemble pour voir la vraie vérité…

PATRICE
Oui, mais ça sera tout le temps votre vérité. La vérité de la police…

VICTOR
Tout ce que je sais, c'est que si c'était pas de la police puis de la loi, tu y penserais peut-être deux fois avant de sortir tout seul le soir.

PATRICE
C'est comme ça que vous tenez tout le monde à la gorge. Vous les tenez par la peur.

VICTOR
On parlera de ça une autre fois, OK? Pour le moment, faut que je parle avec mademoiselle…

Patrice
Ah ! tout d'un coup, c'est plus ma petite amie. Elle vient de monter à mademoiselle. Ça ne te dérange plus qu'elle s'habille de même…

Véronique
C'est quoi, cette histoire-là, la manière que je m'habille ?

Victor
Tu ne peux pas rester, Patrice, OK…

Patrice
C'est ça, parce que c'est une fille, tu vas pouvoir lui faire dire tout ce que tu veux. Tu vas prendre ta grosse voix. Elle va s'énerver…

Victor
Va-tu falloir que j'appelle le constable ? S'il y a juste les bras pour te faire comprendre…

Véronique
Laisse faire, Patrice. Je suis capable de me défendre toute seule. J'ai juste à dire la vérité. Je le sais, moi, que tu n'es pas coupable…

Patrice
Pourquoi tu ne me l'as pas dit avant ?

Véronique
Parce que tu ne m'as pas donné le temps.

Patrice
Tu crois vraiment que je n'suis pas coupable ?

Véronique

C'est tout ce que je veux croire. C'est la seule vérité. On va s'en sortir. Tu vas voir. On va s'en sortir. Crois-moi.

Patrice

Tu crois vraiment que je ne suis pas coupable ?

Véronique

Tu vois, tu n'as pas pu le lire dans ma tête. C'est pour ça qu'il faut leur dire. Laisse-moi leur parler. Faut que t'arrêtes de te placer entre moi et les autres. Faut que je me défende, moi aussi. Je suis capable. Fais-moi confiance. OK?

Patrice prend la main de Véronique. Victor se détourne et regarde dans le dossier qu'il avait à la main. Patrice regarde Victor tandis qu'il prend Véronique dans ses bras, mais son geste prend l'allure d'une sorte de défi à l'autorité. Patrice relâche Véronique et s'éloigne sans tourner le dos à la scène.

3. Lundi. Un peu plus tard.

Victor
Mademoiselle Véronique McLaughlin, c'est bien ça ?

Véronique
…

Victor
Vous êtes la fille du docteur Charles McLaughlin ?
Votre père est médecin, c'est bien ça ?

Véronique
Oui, c'est ça. Médecin vétérinaire.

Victor
Il y a longtemps que vous connaissez Patrice ?

Véronique
Deux ans.

Victor
Vous connaissiez la victime aussi ?

Véronique
Martin ?

Victor
Oui, Martin.

Véronique
Oui. Il vivait à trois maisons de chez nous.

Victor
Et, de temps en temps, il vous emmenait dans sa voiture et…

Véronique
Et il a essayé de m'embrasser, et Patrice a fait sa crise de jalousie, et c'est pour ça que vous l'accusez, mais je peux vous dire que Patrice n'aurait jamais été jusque-là…

Victor
Savez-vous ce que c'est, ça ? C'est le casier judiciaire de Patrice Léger. Vol à l'étalage. Vol de voiture. Arrêté pour être entré dans un club avec des faux papiers. Graffiti sur les murs de l'école…

Véronique
Je sais tout ça…

Victor
Et votre père, lui ? Il pense quoi de tout ça ?

Véronique
Mon père, il l'aime bien, Patrice. Vous avez vu que depuis deux ans…

Victor
Depuis que vous êtes ensemble ?

Véronique
Moi, je sais qu'il va s'en sortir.

Victor
Je vous trouve bien courageuse.

Véronique
Ce n'est pas du courage, c'est de l'amour.

Victor
Iriez-vous jusqu'à dire que c'est par amour qu'il a menacé Martin Landry le vendredi 9 octobre sur l'heure du midi ?

Véronique
Moi, je sais qu'il n'aurait jamais pu… Patrice, ce n'est pas quelqu'un qui va se servir de sa force pour faire du mal. Je crois qu'il a cru bien faire. Il voulait juste me protéger, même si c'était un peu gauche…

Victor
Qu'est-ce qui vous rend si sûre de votre affaire ?

Véronique
Parce que c'est quelqu'un qui a dû se protéger depuis qu'il est tout jeune. Avez-vous parlé avec son père ?

Victor
Ça viendra. Pour le moment, on va parler avec vous.

Véronique
Les mauvais coups qu'il a faits, c'est parce qu'il avait

besoin d'attention, il avait besoin d'amour. Tout ce qu'on fait dans la vie, on le fait plus ou moins par amour ou par manque d'amour. Non? Patrice, c'est quelqu'un de fragile au fond. C'est juste pour se donner un genre qu'il joue les durs.
Il n'est pas vraiment comme ça. C'est quelqu'un de fragile. Moi, je le sais parce qu'il m'a montré son cœur…

VICTOR
Mademoiselle, vous étiez où quand le crime… je veux dire quand l'incident est arrivé?

VÉRONIQUE
J'étais en train de parler avec Sophie. L'amie de Martin. Vous m'avez pas laissée finir…

VICTOR
Vous vous entendez bien avec Sophie?

VÉRONIQUE
Ce n'est pas ma meilleure amie, mais… Disons qu'on se parle.

VICTOR
Elle savait que Martin avait voulu vous embrasser?

VÉRONIQUE
Toute l'école le savait.

VICTOR
Ah ah! Et vous n'en avez pas parlé?

Véronique
Non.

Victor
De quoi avez vous parlé ?

Véronique
Elle m'a dit qu'elle avait trouvé un emploi dans un magasin de musique. Qu'elle voulait quitter l'école. Elle voulait savoir ce que j'en pensais.

Victor
C'est tout ?

Véronique
Ensuite, elle m'a demandé si ça marchait bien entre moi et Patrice.

Victor
Et qu'est-ce que vous avez répondu ?

Véronique
Que ça marchait comme… comme avant.

Victor
Et ça c'était ?

Véronique
Bien. Je lui ai dit que ça marchait bien.

Victor
Vous n'avez pas vu qu'elle sondait le terrain pour voir si Martin et vous…

Véronique

Oui, mais j'ai fait semblant de ne pas comprendre. Martin, c'était comme mon frère. Je n'ai pas vu où il voulait en venir en essayant de m'embrasser…

Victor

Pourtant, vous êtes allée le dire à Patrice.

Véronique

Je n'ai pas voulu déclencher sa jalousie. C'était juste pour rire…

Victor

Pour rire… C'était déjà arrivé avant… ?

Véronique

Oui, mais ce n'est pas grave, c'était juste un jeu entre nous…

Victor

Un jeu ? Mademoiselle, de mon temps ce n'était pas un jeu. Puis je connais bien du monde pour qui ce n'est pas un jeu. Patrice a réagi, selon moi, de manière normale. Ce qui n'est pas normal, c'est ce qui s'est passé ensuite.

4. Mardi. 2h45.

Patrice est couché en prison. L'éclairage monte sur lui. C'est une sorte de rêve éveillé. À tout bout de champ, on entend une voix, celle de Victor mais travaillée de manière électronique, une voix qui dit: « Patrice Léger, t'as un appel de ton père ».

Voix de Victor

Patrice Léger. Tu as un appel de ton père.

Patrice

Criant.

Oui.

Voix

Patrice…

Patrice

Comment ça se fait que t'es rendu ici, toi? Où c'est que t'étais quand j'voulais te parler? Quand je voulais que tu me prennes dans tes bras?

Voix

Patrice…

Patrice
Je ne suis pas là. Tu peux m'appeler tant que tu veux. Je ne veux plus te parler. Je ne veux plus te parler. Parce que ça réveille des affaires qui me font assez mal que je ne sais plus où les mettre.

Voix
Patrice…

Patrice
Tu travailles à longueur de journée pour rester petit, pour te traîner dans ton souterrain et accepter que tout est correct. Tout n'est pas correct. Ce n'est pas vrai. Il y a des affaires à changer et tu n'as jamais eu le courage de te lever pour demander comment ça se fait que c'est de même.

Voix
Patrice…

Patrice
Je t'ai vu te traîner devant ton boss, je t'ai vu te traîner devant la grande personne que t'aurais pu être. Ça m'a fait de la peine de te voir de même. Ça m'a fait honte.

Voix
Patrice…

Patrice
Et c'est là que j'ai fait le serment que, moi, je ne me traînerais jamais devant personne.

Voix
Patrice…

Patrice
Quand tu rentrais à la maison, là, c'était toi, le boss. Tu garrochais des affaires. Tu criais comme une bête blessée. Tu nous battais.

Voix
Patrice…

Patrice
Tu nous humiliais.

Voix
Patrice…

Patrice
Tu nous faisais taire. Tu ne voulais pas nous montrer ta blessure. T'avais peur qu'on te voie tel que t'étais. Je n'ai plus envie de manger ta misère. Je n'ai plus envie de manger tes volées. C'est-tu clair ?

Voix
Patrice…

Patrice
Tu peux prendre ta grosse voix si tu veux. Tu ne me fais plus peur. Je sais que c'est la grosse voix d'un tout petit homme qui traîne une grande blessure.

Voix
Patrice…

Patrice

Surprends-toi pas si je ne réponds plus. J'ai juste envie de me reposer. Même si je dois dormir toute ma vie ici, au moins je la dormirai tranquille parce que je n'aurai jamais baissé la tête, je ne me serai jamais excusé d'être en vie.

Patrice sort de l'éclairage onirique dans lequel il était. C'est comme s'il se réveillait pour revenir à la réalité.

5. Mardi. 10h02.

Véronique
J'ai parlé à Sophie hier soir…

Patrice
Un autre paquet de troubles… Elle t'a-tu parlé de ce qui s'était passé ?

Véronique
Elle croit que c'est toi le coupable. Elle dit que t'étais jaloux de Martin vu qu'il essayait tout le temps de me faire rire, de me faire des compliments, qu'il me donnait des petits cadeaux…

Patrice
C'est normal. C'est vrai que Martin, il m'énervait. Je trouvais qu'il avait le tour avec les filles. Mais pas au point de vouloir lui régler son cas…

Véronique
Pourtant, c'est ce que t'as dit…

Patrice
Toi avec, t'es avec eux-autres ?

Véronique
…

Patrice
Il me semblait que tu me croyais…

Véronique
Comment voulais-tu que je dise le contraire ? La police était juste à deux pas de nous. Qu'est-ce que tu penses que j'allais dire ?

Patrice
Bon, bien, j'ai ma réponse, moi, là. J'ai juste à attendre qu'ils viennent me chercher pour m'enchaîner jusqu'à la fin de…

Véronique
Patrice, pour l'amour…

Patrice
Oui, pour l'amour, c'est bien dit ça…

Véronique
Oui, pour l'amour, ce n'est pas ça qui me fait changer d'idée là-dessus. Même si t'étais coupable…

Patrice
Ah ! tu vois, l'idée t'as déjà passé par la tête.

Véronique
J'ai dit ça comme ça…

Patrice
Je suis certain que tu ne dis pas ça comme ça. Parce que s'ils finissent par prouver que c'est moi qui l'ai tué, Martin, tu vas avoir des doutes, toi avec. Puis entre Martin et toi, c'est pas certain qu'il ne s'est rien passé. Ça fait longtemps que vous traîniez ensemble…

Véronique
Qu'est-ce qui te prend, Patrice? Pourquoi tu me parles comme ça tout d'un coup?

Patrice
C'est plus fort que moi… Ça m'enrage d'être embarré comme ça. Comme un animal. Quand j'ai vu que tu ne me croyais pas, j'ai commencé à avoir des doutes, moi avec.

Véronique
J'essaie seulement de comprendre. C'est juste que Sophie…

Patrice
Sophie? Qu'est-ce qu'elle a encore dit, celle-là?

Véronique
Elle a trouvé une lettre dans les affaires de Martin. Une lettre que tu lui avais écrite, deux ans passé, quand on a commencé à sortir ensemble.

Patrice
Ah, cette lettre-là! Je ne me rappelle même plus ce que je lui disais là-dedans…

Véronique
Bien, elle l'a lue. Tu ne sais pas ce que tu disais ?

Patrice
La fois où il t'a emmenée à la danse de la Saint-Valentin, je crois. La fois où on s'était chicanés. Je sais que je n'étais pas content.

Véronique
Pas seulement ça, tu décris en détail comment tu vas le battre s'il continue à « tourner autour de moi », comme tu dis. Et tu finis en disant que, la prochaine fois, ce sera la dernière.

Patrice
Je n'ai pas dit ça ?

Véronique
Sophie a donné la lettre à la police. Meurtre avec préméditation. Je ne sais pas si tu sais, mais ça, c'est une preuve écrite, là. Signée de ta main, Patrice.

Patrice
Comme ça, toi avec tu m'as déjà condamné ?

Véronique
J'essaie de comprendre, OK ? J'essaie de comprendre.

Patrice
Peut-être qu'il n'y a rien à comprendre.

Véronique
C'est vrai que j'ai remarqué que Martin s'est éloigné de moi après ce soir-là. Et je me demandais

pourquoi. Je lui ai même téléphoné, mais il n'a rien voulu me dire. Et, dans la lettre, tu lui disais de ne rien me dire parce que ce serait encore pire.

PATRICE
C'était par amour. J'étais fou d'amour pour toi. Je suis encore fou d'amour pour toi.

VÉRONIQUE
Fou au point de le tuer ?

PATRICE
Je ne l'ai pas tué. Compris, là ? Je ne l'ai pas tué.

VÉRONIQUE
Oui, mais ce n'est pas suffisant. C'est une preuve écrite qu'ils ont, là. Qu'est-ce que je vais dire ? Je ne le savais pas, moi, que t'avais écrit ça, autrement je ne t'en aurais jamais parlé, que Martin avait voulu m'embrasser.

PATRICE
Tu m'aurais menti ?

VÉRONIQUE
Ce n'est pas une question de mensonge, Patrice… C'est une question de vie ou de mort. C'est bien plus grave qu'un petit mensonge de rien.

PATRICE
Tu viens de te trahir. Tu viens de me dire que tu crois que je l'ai tué. Hein ? C'est ça ? Ben, tu peux t'en aller, vu que moi, faut que je reste…

Véronique
Ce n'est pas une raison pour t'abandonner. L'important, c'est de sortir d'ici, de te sortir de toute cette histoire-là.

Patrice
Ce n'est pas ça que je veux entendre. Je veux que tu me croies, Véronique. J'veux que tu me dises que je n'suis pas coupable. Que, pour toi, je n'suis pas coupable.

6. Mardi. 11h08.

Victor
Bon, tu sais ce que c'est, ça ?

Patrice
Une autre preuve. Je sais. C'est LA preuve.

Victor
Comment ça se fait que t'es juste intéressé à me niaiser puis à jouer au fou quand je te dis que tu dois te défendre… ?

Patrice
À quoi ça me servirait de dire le contraire, c'est…

Victor
Non, ce n'est pas tout décidé. Je l'ai entendue, celle-là, puis ce n'est pas la peine de faire ton show, de jouer au gars qui est au-dessus de ses affaires parce que, en dedans, je sais que tu as peur. Je sais que tu dis ça pour baver sur l'autorité. Je ne suis pas ton père. Tu n'as pas besoin de me raccrocher le téléphone au nez quand je te parle.

Patrice
T'as parlé avec mon père?

Victor
Faut bien que quelqu'un lui parle, le pauvre gars. Vu que ce n'est pas toi qui vas le faire…

Patrice
Ce qui se passe entre mon père puis moi…

Victor
Ça regarde mon père puis moi. Je la connais celle-là. Mais plus à cette heure. À cette heure, ça regarde aussi la loi…

Patrice
…

Victor
Non, écoute. Penses-tu que je suis contre toi? Penses-tu que tout ce que je fais là, c'est pour te faire condamner? Regarde-moi en pleine face puis dis-moi si c'est ce que tu penses?

Patrice
Vous cherchez encore à savoir si j'ai vraiment dit la vérité. Quoi c'est que ça peut bien te faire, à toi, que je sois condamné? Tu vas encore avoir ta paye, tu vas encore dormir dans ton lit, tu vas encore manger au restaurant, tu vas encore prendre un coup…

Victor
C'est vrai, j'ai parlé avec ton père. Hier après-midi. Je crois que tu as tort de penser que ça ne le dérange pas ce qui t'arrive…

PATRICE
Vous êtes tous les deux pareils.

VICTOR
Ce n'est pas vrai qu'on est tous les deux pareils. D'abord, je n'ai pas l'âge de ton père…

PATRICE
Ce n'est pas une question d'âge, c'est juste une question de savoir qui c'est qui décide. C'est toi qui décides, c'est mon père qui décide… La loi est de votre bord. Tout est de votre bord.

VICTOR
Ce n'est pas si pire…

PATRICE
Ça fait trois ans que je ne vis pas chez-nous, moi. Tout le monde autour de moi ont des parents. Moi, j'ai dû apprendre à me défendre et à survivre, et c'est normal que quand il va y avoir du trouble, je vais être en plein dedans. C'est normal que le blâme va être sur moi. La loi, t'en parles souvent de la loi, bien je vais te dire ce que c'est, pour moi, la loi. La loi, c'est juste pour ceux-là qui marchent dans le bon chemin. Un chemin bien droit, tout éclairé, tout protégé. Il ne peut rien t'arriver dans ce chemin-là. Bien moi, ce n'est pas mon chemin. Moi, c'est plutôt le canal…

VICTOR
Ton père m'a dit qu'il voulait te parler…

Patrice
Ce n'est pas pour rien que j'ai demandé à être placé dans une famille qui serait à trois cents milles de chez-nous. Je ne voulais pus le voir. Je voulais l'oublier. Je voulais tout oublier. Peux-tu comprendre ça, toi ? Peux-tu comprendre que, tout d'un coup, on veut effacer quinze ans de sa vie juste de même ?

Victor
Ton père a changé. Je crois que ce n'est pas le même homme que tu as connu. Savais-tu qu'il a arrêté de boire ?...

Patrice
Pourquoi tu veux absolument me ramener là-dedans ? Je viens de te dire que je ne voulais pas rentrer là-dedans...

Victor
Pourquoi ?

Patrice
C'est-tu pour ça que tu m'as fait venir, Victor ? Si c'est pour ça, tu perds ton temps. Tu voulais me montrer la lettre ? Je l'ai vue. C'est vrai que c'est moi qui l'ai écrite, cette lettre-là. Ça ne sert à rien de me cacher. C'est mon écriture.

Victor
Ce que je voudrais, c'est que t'arrêtes de penser qu'on veut te prendre à tout prix. Parce que ce n'est pas vrai. Ce n'est pas vrai, pas en toute.

PATRICE
J'ai été élevé à me méfier de tout le monde.

VICTOR
J'ai parlé longtemps avec ton père…

PATRICE
Tu ne sais pas où j'ai passé. Si tu le savais, tu ne me parlerais pas de même.

VICTOR
Il s'inquiète pour toi. Il m'a dit que s'il t'arrivait de quoi, qu'il ne se le pardonnerait jamais.

PATRICE
Lui avec, il doit croire que c'est moi qui l'ai fait. Que c'est moi qui ai poussé Martin… Ça fait qu'il reste plus grand-monde… À part de moi, à part de moi tout seul.

VICTOR
Écoute-moi ben. Les preuves peut-être sont contre toi. Je ne vais pas te conter d'histoires, c'est comme ça. N'importe quel jury va avoir des doutes. Mais si tu décides de collaborer avec la loi, on peut… je ne sais pas, moi, limiter les dégâts, disons.

PATRICE
Ça veut dire quoi, limiter les dégâts ?

7. Mercredi. 12h11.

Véronique entre, elle enlève son imperméable mouillé, qu'elle met sur le dos de la chaise. Elle enlève l'eau de son parapluie. Patrice est là. Mal à l'aise. Il dit n'importe quoi.

Patrice
Quel temps qu'il fait dehors ?

Véronique
Il pleut. Ça ne se voit pas ?

Patrice
Ah bon… Qu'est-ce que tu as fait à l'école ?

Véronique
C'était le cours d'histoire ce matin. J'ai fait 95 sur mon test sur la fin de la Guerre de sept ans…

Patrice
Ah bon ! La Guerre de sept ans.

Véronique
C'est là où le Canada est passé aux mains des Anglais.

Patrice
Ah bon ! Tu veux dire qu'ils n'ont pas parlé de moi. Ça doit se parler. Jamais je croirai. C'est la première fois qu'il y a un meurtrier dans une classe. C'est quand même plus important que la Guerre de sept ans.

Véronique
Ils parlent juste de ça. Ils me parlent de toi.

Patrice
Ah bon. Ils doivent être contents que je ne sois plus là pour déranger leur tranquillité.

Véronique
Tu as tort de penser comme ça.

Patrice
Ils te demandent-tu si tu vas continuer à sortir avec moi quand je vais être en prison ?

Véronique
Moi, je ne leur dis rien de plus que ce qu'ils savent. Mais Sophie, elle, elle leur a tout raconté à propos de la lettre. Même si je lui avais dit de ne pas en parler…

Patrice
On sait ben. Madame a été offensée. On sait ben que son petit Martin adoré l'a trahie devant tout le monde. Madame cherche quelque chose pour se venger. Madame cherche à mordre… J'haïs Sophie… C'est une *bitch*…

Véronique
Patrice…

Patrice
Ben quoi, Patrice ! ? Ne vois-tu pas que tu perds ton temps ? Pourquoi tu ne vas pas rejoindre le reste de la *gang* parce que, moi, c'est pas certain que je ne pourrai pas y aller avant un petit bout de temps, vois-tu ? J'ai des choses à faire…

Véronique
Tu m'en veux, hein ? C'est ça ? Tu m'en veux parce que je t'aime et ça te dérange que je t'aime. T'aimes pas ça avoir besoin du monde, Patrice, mais tu vas passer ta vie avec du monde. T'aimes ça être fort. Indépendant. Avoir besoin de personne. Mais ce n'est pas vrai que t'as besoin de personne, parce que t'as besoin de moi. Tu as besoin d'un paquet de monde. C'est comme toute l'histoire avec ton père…

Patrice
Lâchez-moi avec mon père ! Y a juste lui, tout d'un coup. Comme si c'était lui qui…

Véronique
Qui… ?

Patrice
Qui m'contrôlait encore. Qui décidait encore.

Véronique
Tu ne crois pas que c'est ça qui est arrivé ?
Victor passe dans le couloir d'en bas.

Patrice
J'ai parlé avec Victor aujourd'hui.

Véronique
Ah, oui?

Patrice
Il m'a montré la lettre. Ça dit toute. Et il a parlé avec mon père. Victor avec, il a un garçon. Ça fait qu'ils ont dû parler de l'élevage des enfants. Ça fait que, pour Victor, à cette heure, c'est un bon gars, mon père…

Véronique
Penses-tu pas que ce serait le temps que tu changes ça… ?

Patrice
Qu'est-ce que tu veux dire?

Véronique
C'est possible que ton père a changé.

Patrice
Il t'a pas appelée, toi avec?

Véronique
C'est à dire que… oui. Oui, il m'a téléphoné.

Patrice
Ça, c'est le *boutte*! Ça, c'est le *boutte* du *boutte*! Et, évidemment, c'est un bon gars. Je te gage qu'il a même dû brailler. Tant qu'à faire. Une larme ou deux, il n'y a rien comme ça pour prendre tout le monde à gorge…

Véronique
C'est facile de faire des crises comme tu fais. C'est plus difficile de grandir. De prendre ses responsabilités.

Patrice
Facile pour toi. C'est facile de me parler comme ça. Toi, ton père…

Véronique
C'est plus que ça, Patrice. Tu oublies que, moi aussi, j'ai fait ma part.
Ma famille, c'est pas eux qui m'ont tenue par la main dans tout ce que j'ai fait. Tu peux faire ce que tu veux avec ta vie, c'est à toi de décider, c'est ta vie…

Patrice
En attendant, je sais où je vais la passer, ma vie…

Véronique
Quand est-ce que tu vas arrêter de penser que tout le monde t'en veut ? Si je me mettais à te dire toutes les raisons que tu peux inventer pour te méfier du monde, c'est grave, Patrice.

Patrice
Je ne suis pas capable de pardonner à du monde qui me joue dans le dos. C'est pour ça que j'avais averti Martin que s'il te touchait une autre fois…

Véronique
Et quand on parle de ça, tu changes de sujet. Tu vois ce que tu viens de faire, là ? Et, en parlant de Martin,

moi, je crois que t'aurais dû essayer de lui parler. Et je suis sûre qu'il t'aurait écouté. Ce n'était pas un fou, Martin. Mais non, fallait que tu te serves de ta force. Ça change quoi ? Tant qu'à moi, ça ne change rien. Ça ne fait pas de mal d'aimer le monde…

PATRICE
Tu crois que c'est ça qui va les empêcher de nous faire mal ?! Tu rêves en couleur.

VÉRONIQUE
Ça se peut. Mais tu devrais au moins me croire quand je te dis que je t'aime. Tu devrais arrêter de chercher des raisons pour te cacher. Pour te faire peur. Parce que quand tu fais ça, tu leur donnes raison. Je ne sais pas si t'es coupable, Patrice. Je ne sais pas si tout d'un coup Martin a pu dire quelque chose qui t'a choqué. Je t'ai déjà vu agir. Je sais que, quand tu te fâches, tu perds complètement le contrôle. C'est pour ça que j'ai des doutes. Mais…

PATRICE
Mais je ne l'ai pas tué.
Victor entre, un téléphone en main.

VICTOR
Patrice Léger, t'as un appel de ta mère.

PATRICE
Allô, allô, maman. Oui, c'est bien moi. Où est-ce que je suis, bien… Arrête de brailler, tu sais que je n'ai jamais pu endurer ça. Arrête de brailler, parce que je vais raccrocher le téléphone. Arrête…

Maman, arrête de brailler, je ne suis pas mort, ce n'est pas la fin du monde. Garde, maman, je ne peux plus continuer ça. Je ne peux juste plus t'entendre. Je sais, t'as tout le temps cru que je virerais mal, ça fait que, dans ta tête, c'est déjà toute réglé. C'est fait. Arrête de brailler ! Faut que je raccroche…

Il dépose le téléphone.
À Véronique.

Je me suis tout le temps demandé pourquoi c'est faire que tu te tenais avec un *looser* comme moi.

VÉRONIQUE

C'est parce que je suis une sainte.

PATRICE

Amusé.

C'est peut-être ça…

VÉRONIQUE

Si je savais pourquoi, crois-tu pas que je te le dirais ! Je ne le sais pas moi-même. Et si je pouvais contrôler ça… c'est pas certain que…

PATRICE

Que tu ne me laisserais pas tomber ?

VÉRONIQUE

Ce n'est pas facile d'être en amour avec toi, Patrice. Tu devrais au moins comprendre ça.

PATRICE

Je ne sais plus ce que je dois comprendre.

Véronique
C'est vrai qu'ils me demandent ce qui se passe. Et je ne sais plus quoi dire. Tu sais, on était tout un paquet d'amis. On s'aimait tous et, tout d'un coup, il y en a un qui se retrouve dans une boîte grise avec des poignées en argent sur les côtés. C'est la première fois dans ma vie que la mort passe aussi proche de moi. On dirait que j'ai senti sa main sur mon cou. Je comprends que ça ne marche pas comme tu voudrais, mais tu n'es pas la seule personne sur la Terre, Patrice. C'est surtout ça que j'voulais te dire. Quand je te parle, des fois, j'ai l'impression que t'as oublié que tu avais un cœur dans le corps. Et tu fais tout pour le faire taire. Tu ne peux pas comprendre que les autres aussi, ils peuvent avoir de la peine. Je l'aimais, moi, Martin, et quand tu parles de lui comme tu le fais, ça me fait encore plus de peine. Ça me fait de la peine au point où j'ai envie de crier pour te faire taire.

Patrice
Peut-être ben que c'est lui que tu aurais dû aimer. Moi, je suis juste un paquet de troubles. Puis, quand tu penses à ça, je n'ai jamais vraiment fait partie de votre *gang*.

Véronique
Mon père m'a toujours appris qu'il ne fallait pas faire de mal aux animaux, parce qu'un animal qui souffre, c'est la chose la plus triste au monde. L'animal, il ne sait pas ce qu'il lui arrive. Il ne peut pas en parler. Il peut juste crier sa peine. Toi, quand

je t'ai vu dans la cour d'école, tout seul appuyé sur un mur de briques, j'ai senti que tu étais comme un animal avec une grande blessure que tu essayais de cacher sous ton manteau de cuir. J'ai voulu fermer ta blessure pour que ça arrête de saigner. Pour plus que ça te fasse mal. Mais tu ne voulais pas. Les animaux, quand ils sont blessés, ils se sauvent du monde. Pareil comme toi, Patrice : tu te sauves tout le temps. As-tu peur de moi ?

PATRICE
T'as eu pitié de moi, c'est ça ? T'as cru que t'étais un ange qui pourrait m'emmener jusqu'au ciel ? Seulement, tu vas t'apercevoir que je suis un peu trop pesant pour tes petites ailes et il va falloir que tu me laisses tomber. Le ciel, ça n'existe pas pour du monde comme moi… Le ciel, c'est fait pour les anges.

VÉRONIQUE
C'est peut-être là où il est, Martin… J'espère que c'est là.

PATRICE
Ce sera toujours ça d'gagné.

VÉRONIQUE
Martin, c'était quelqu'un de fragile.

PATRICE
Et moi, j'étais la pomme pourrie…

VÉRONIQUE
Oui, mais toi, tu es en vie, Patrice. Les morts, on

peut juste pleurer pour eux et ça ne change pas grand-chose. Mais quand t'es vivant… Ça ne sert à rien de frapper dans le ciment. Tu vas juste te défaire les mains. C'est bien plus simple de changer.

PATRICE
Changer, ce serait leur donner raison. Ce serait avouer devant tout le monde que j'ai eu tort. C'est ce qu'ils m'ont dit toute ma vie, que j'avais tort. Je ne vais quand même pas me mettre à dire comme eux.

Il reprend le téléphone.

Je voudrais parler à Daniel Léger… Oui, c'est ça, à frais virés. De la part de son fils, Patrice Léger. Allô. Maman… Arrête de brailler. Passe-moi papa. Dis-lui qu'il me rappelle, OK? Tu connais le numéro. Arrête de brailler. Dis à papa que je veux lui parler. Maman, tu m'écoutes-tu? Arrête de brailler! Maman…

Il vient pour arracher le fil du téléphone mais se ravise et le dépose tranquillement. Il continue à parler au téléphone comme s'il disait à sa mère ce qu'il n'a jamais pu lui dire.

Arrête de brailler. J'ai toutes les raisons au monde de brailler, moi, et pourtant je ne braille pas. Il arrivera ce qui doit arriver. Ce n'est pas de la faute à personne. C'est la vie qui est faite de même. Je n'ai pas voulu aller avec Martin et sa gang, je n'ai pas voulu avoir un père alcoolique, je n'ai pas voulu avoir la tête de cochon que j'ai là. Bien je l'ai eu pareil. Ça me donnerait quoi de me mettre à brailler comme un veau? Ça va-tu changer des affaires? Ça fait que je ne braillerai pas en plusse. Ça leur ferait trop plaisir de m'avoir dompté, de se dire qu'ils m'ont eu à la fin et que je devrais les remercier en plus pour la leçon qu'ils m'ont donnée. Gardez votre pitié pour vous autres. Toute la gang. Tu pourras toujours continuer à dire que c'est moi qui te fais mourir. Je l'aime ben, celle-là. De même, t'as pas à prendre de décisions. Bien moi, ça ne se passera pas de même. Arrête de brailler ou fais comme moi, braille par en-dedans. Braille par en-dedans, frappe par en-dehors.

8. Mercredi. 16h10.

Victor

Pourquoi vous avez demandé à Martin de vous accompagner à Cap Enragé ? Vous n'aviez pas peur que ça énerve Patrice encore plus ?

Véronique

Je voulais qu'ils se parlent, je voulais qu'ils fassent la paix.

Victor

Et c'est pour ça que vous avez invité Sophie et Martin à vous accompagner, en laissant le restant du groupe sur la plage ?

Véronique

C'est ça.

Victor

Vous et Sophie, vous vous êtes arrêtées en chemin pour laisser Patrice et Martin continuer leur marche seuls.

Véronique
C'est ça.

Victor
Au cours de mon interrogatoire avec Sophie, elle m'a dit qu'elle vous avait laissée seule à un moment donné pour aller vers le groupe qui se trouvait sur la plage, pour aller se chercher un Coke dans la glacière.

Véronique
Oui, c'est ça.

Victor
Pourquoi vous ne m'avez pas parlé de ça hier, quand je vous ai interrogée ? Vous m'avez dit que Sophie était restée avec vous jusqu'à ce que Patrice revienne en criant parce qu'il avait perdu la trace de Martin.

Véronique
Je ne sais pas. Ç'a dû m'avoir échappé. Peut-être que j'ai oublié de vous le dire. Peut-être que je ne trouvais pas ça important.

Victor
À moins que ce soit un oubli volontaire…

Véronique
J'ai pas mal d'affaires dans la tête de ce temps-là… Les histoires de Sophie, c'est… c'est loin.

Victor
Sur la falaise, vis-à-vis du lieu où on croit que Martin est tombé, on a retrouvé ceci.

Il lui montre une petite chaîne.
Vous reconnaissez ça ?

VÉRONIQUE
C'est la chaîne que Patrice m'a donnée. Je croyais l'avoir perdue.
Elle va pour la reprendre.

VICTOR
Je regrette. Je vais être obligé de la garder pour un moment. On va vous la rendre plus tard.

VÉRONIQUE
Maintenant que vous me parlez de ça… Oui, ça me revient là, c'est vrai que Sophie, elle s'est levée à un moment donné, mais…

VICTOR
Il sort un livre d'une enveloppe.
Vous savez ce que c'est, ça ? Ç'est le journal de Martin. Celui qu'il traînait tout le temps avec lui. Sophie l'a lu et elle a remarqué que Martin avait noté de drôles de pensées par rapport à vous. Vous voulez que je vous les lise ? 15 janvier dernier.
Il lit.
« V. – V pour Véronique – ne m'aime pas. C'est clair, et moi, je n'aime pas S. Je déteste P. mais lui, au moins, il est trop niaiseux pour que je le prenne au sérieux. Mon amour pour V. me tue et je sais qu'un jour elle le fera pour vrai. Elle finira par me faire mourir. »

Véronique
C'est une manière de parler. Il voulait dire que sa peine allait le tuer, je ne sais pas… Pas que j'allais le tuer pour vrai… C'est fou de penser que j'aurais pu faire du mal à Martin…

Victor
21 mai. « Hier soir, j'ai revu V. Elle est plus belle que jamais. Elle et P. font tout pour montrer à tout le monde à quel point ils sont heureux, mais je sais que c'est moi qu'elle aime. Présentement, elle fait tout pour me rendre jaloux. Je fais semblant de ne rien voir. Elle ne peut supporter Sophie, c'est certain. J'ai peur qu'elle se retourne contre moi ou contre Sophie, ou qu'elle demande à P. de le faire à sa place. » Et ça continue comme ça pour plusieurs pages.

Véronique
Il voulait que je sois à lui, à lui tout seul. Je l'aimais Martin, mais… mais pas comme lui aurait voulu que je l'aime… mais c'est difficile à dire.

Victor
Un– on retrouve votre chaîne ; et deux – dans le journal de Martin que Sophie nous a laissé…

Véronique
Vous ne voyez donc pas que si elle fait ça, si elle a couru ici avec le journal, c'est parce qu'elle a lu que Martin ne l'aimait pas, qu'il ne l'avait jamais aimée, et maintenant qu'elle se croit humiliée, elle va tout faire pour se venger… Elle m'en veut parce que c'est

moi que Martin aimait, mais moi je ne l'aimais pas, Martin. En tout cas, pas de la même manière que lui m'aimait.

Victor

Tant qu'il se contrôlait, tant qu'il écrivait dans son journal, vous n'aviez pas vraiment de problème. Le vrai problème est arrivé quand Patrice risquait d'apprendre le double jeu que vous étiez en train de jouer, parce que Martin vous poursuivait devant tout le monde, dans tous les coins de l'école, et peut-être même le dimanche 11 octobre jusqu'au bord du Cap Enragé ?…

9. Mercredi. 16h50.

Victor

En fait, j'ai une bonne nouvelle et une mauvaise nouvelle. La bonne nouvelle, c'est que tu vas pouvoir sortir d'ici. La mauvaise nouvelle… c'est…euh…

Patrice

Je vais quoi ?

Victor

Sortir. La mauvaise nouvelle… c'est qu'on a dû… Prépare-toi à un choc, hein…

Patrice

Vas-y, Victor. D'habitude, t'es pas gêné.

Victor

On a dû arrêter Véronique comme suspect n° 1.

Patrice

Quoi ?

Victor
Véronique. Oui. On a deux preuves avec exhibits à l'appui… Dont une preuve qui prouve que…

Patrice
Qui prouve rien. Êtes-vous chavirés tout net dans cette bâtisse-ci ? Il doit vous manquer des roues dans la tête.

Victor
Fais attention à ce que tu dis, Patrice. Tu n'es pas encore sorti tout net.

Patrice
Moi, j'ai un dossier épais de même. S'il se passe la moindre affaire de croche, c'est sûr que vous allez avoir des doutes. Je suis habitué. C'est normal… Mais Véronique, elle n'est pas comme ça.

Victor
Justement. À force de se tenir avec toi, ça ne me surprendrait pas qu'elle aurait pris des mauvais plis.

Patrice
Je suis content de savoir que ça reste toujours de ma faute. Que je ne serai jamais vraiment sorti…

Victor
On apprend à hurler avec les loups, Patrice. Je ne te dis pas non plus qu'elle l'a fait exprès. Un accident, ça peut se faire aussi, mais elle fait comme toi. Elle dit que ce n'est pas elle. Pour elle, c'est impossible qu'elle ait pu être mêlée à ça.

Patrice
C'est sûr. Qu'est-ce que vous allez chercher ? Où est-ce qu'elle est ?

Victor
Elle est dans une cellule ici, là, en attendant de la transférer au centre de détention.

Patrice
Vous avez pensé à tout.

Victor
Tu crois que je n'ai pas de cœur, hein, que je vis juste pour trouver des coupables à tout prix ? Mais ce n'est pas aussi simple…

Patrice
Arrête, Victor, tu vas me faire brailler si tu continues.

Victor
J'en vois tous les jours, des vies brisées, et du monde qui se lamentent parce que la vie leur échappe à cause d'un mauvais coup qu'ils ont fait. Souvent, ils ne l'ont pas fait exprès, souvent ils n'ont même jamais voulu le faire. Le pire pour eux, c'est qu'ils se sont fait prendre la main dans le sac. Ça, ils ne se le pardonnent pas.

Patrice
Je ne voudrais pas être à ta place, Victor. Je ne voudrais vraiment pas faire ta job. Tu parles de la justice, de la loi. Tu parles juste de ça. La loi. On dirait que t'es marié avec la loi, mais depuis que je suis entre ces quatre murs-ci, je me suis posé toutes

sortes de questions là-dessus. Moi, vois-tu, je le savais que je n'avais rien fait et je sais que Véronique avec, elle le sait qu'elle n'a rien fait. Seulement, les apparences sont contre nous. Pour toi et ta *gang*, c'est juste une question d'apparences.

VICTOR
Sur quoi d'autre que tu veux te fier ? Je ne peux quand même pas lire dans ta tête ou le lire dans les cartes ou dans les feuilles de thé.

PATRICE
Moi, ce que je voudrais savoir, c'est comment tu fais pour t'en aller chez-vous et manger, regarder la télévision, parler avec tes enfants, dormir avec ta femme sans penser à tout ça ? Sans penser que tu viens de détruire la vie de quelqu'un ?

VICTOR
Ce n'est pas un métier glorieux, ça je suis d'accord avec toi, mais faut que quelqu'un le fasse. Faut quelqu'un pour faire le ménage de temps en temps pour que les autres puissent retourner chez-eux dans leur belle maison propre. Et quand tu regardes ça, dis-toi ben que tu n'es pas si mal tombé. Au moins ici, on laisse parler le monde.

PATRICE
Oui, mais vous ne les écoutez pas. Ou plutôt, vous écoutez ce qui fait votre affaire. De quoi elle est coupable, Véronique ?

VICTOR
Véronique, elle est accusée, OK, accusée ! Ça ne veut pas dire qu'elle va être condamnée. Et si elle a un bon avocat, quelqu'un qui connaît bien la loi, ça peut faire toute la différence…

PATRICE
Quand c'est que je vais pouvoir m'en aller, moi là ?

VICTOR
Tout de suite, si tu veux.

PATRICE
Juste de même. Une minute, je suis coupable, la minute d'après, je suis blanc comme la neige.

VICTOR
Accusé, pas coupable. Accusé. T'étais accusé. Ah, et puis, va-t'en !

PATRICE
Quand c'est que je vais pouvoir la voir, Véronique ?

VICTOR
Demain matin. Par le temps que tu sois sorti d'ici, l'heure des visites sera passée. Ça fait que ça va aller à demain.

PATRICE
C'est tout c'que t'avais à me dire ? T'es sûr ?

VICTOR
Je trouve ça de valeur pour toi, tout ce qui s'est passé…

PATRICE
Tu veux dire tout ce qui se passe…

VICTOR
Mais, c'est des choses qui arrivent…

PATRICE
Je vais m'arranger. C'est rien de nouveau. Je me suis tout le temps arrangé.

VICTOR
Viens avec moi, on va te donner tes affaires.

10. Jeudi. 14h30.

L'éclairage monte dans la cellule de Véronique.

Patrice
Je voulais venir à matin mais j'ai décidé d'aller aux funérailles de Martin. Bien, ce n'était pas vraiment des funérailles parce que sa mère a décidé de le faire incinérer. C'est drôle, je n'arrivais pas à croire que, dans cette petite boîte en bois, il y avait tous les rêves et la vie de quelqu'un que j'avais bien connu.

Véronique
Il y avait beaucoup de monde ?

Patrice
C'était rempli. Toute l'école était là. Le principal a parlé. Toute l'église braillait. La mère de Martin était… J'ai cru qu'elle ne passerait jamais au travers.

Véronique
Ils t'ont-tu parlé de moi ?…

Patrice
Bien, je suis arrivé en retard et je suis parti avant la fin. Je ne voulais pas voir personne. Je me suis assis dans le dernier banc en arrière.

Véronique
C'est drôle, hein, je croyais que c'est moi qui allais être obligée d'aller là…

Patrice
Je ne sais pas pourquoi que j'ai été là. Les funérailles, ce n'est pas mon *trip*. Et… je ne sais pas. Je ne pouvais pas me faire à l'idée de te voir en prison.

Véronique
C'est une drôle d'affaire d'être accusée de quelque chose qu'on n'a pas fait.

Patrice
Tu peux m'en parler !

Véronique
Crois-tu que c'est moi ? Que c'est moi qui l'ai fait, que c'est moi qui ai poussé Martin ?

Patrice
Ils vont finir par s'apercevoir qu'il n'y a personne de coupable là-dedans. Martin, tant qu'à moi, il a dû glisser. Tu te rappelles, y commençait à faire noir. Et à cet endroit-là, l'herbe est haute, peut-être bien qu'il n'a pas vu qu'il était aussi proche du bord.

Véronique
Depuis hier soir, j'ai beaucoup pensé à ce qui s'est

passé. Je l'ai rejoué tout l'après-midi dans ma tête, des centaines de fois, comme un vidéo. Puis là, je le connais par cœur. Et tu sais ce que je pense ? Je pense que Martin, c'est Sophie qui l'a poussé en bas du Cap…

PATRICE
Sophie ?

VÉRONIQUE
As-tu remarqué que c'est elle qui a tout fourni le matériel à Victor pour nous accuser ? D'abord toi, puis ensuite moi. Puis Victor la croit, elle. Je ne sais pas comment elle fait, mais ce qu'elle dit, ça devient comme la Bible. Qu'est-ce qu'elle avait à aller voir Victor avec le journal de Martin ? Puis l'histoire de la chaîne, ça, je trouve ça gros…

PATRICE
C'est quoi, ça, la chaîne ?

VÉRONIQUE
Victor ne t'a pas dit ? Ils ont trouvé ma chaîne à l'endroit où ils pensent que Martin est tombé.

PATRICE
La chaîne que je t'avais donnée ?

VÉRONIQUE
Oui, c'est ça.

PATRICE
Qu'est-ce qu'elle faisait là ?

VÉRONIQUE
Victor dit que Martin a dû l'accrocher en voulant m'embrasser. Parce que, selon lui, j'aurais été retrouver Martin quand Sophie est allée se chercher un Coke dans la glacière… Mais ma chaîne, c'est samedi que je me suis aperçue que je l'avais perdue.

PATRICE
Oui, continue…

VÉRONIQUE
Tu ne vas pas te mettre à croire ces folies-là. Non mais, écoute. Elle n'est pas folle, Sophie… Moi, je sais que je suis restée là à vous attendre mais je ne peux pas le prouver. Mais elle, Sophie, il n'y a rien qui nous dit qu'elle est vraiment allée se chercher un Coke ou qu'elle n'a pas plutôt fait un détour dans le bois.

PATRICE
Mais la chaîne?

Sur les entrefaites, Victor entre. Il a une feuille de papier à la main. En le voyant, Patrice lui tourne le dos.

VICTOR
Je m'excuse de vous déranger, mais…

PATRICE
C'est nouveau, ça, Victor. D'habitude, tu ne t'excuses pas. D'habitude…

VICTOR
Ça va faire, tes niaiseries là, OK? Pousse-moi pas à bout, le jeune, parce que tu pourrais le regretter.

Patrice
Ironiquement.
Excuse-moi. Ç'est juste que Véronique a des choses à te dire au sujet de Sophie qui pourraient te faire réfléchir…

Victor
Sophie ? De quoi tu parles ?
À Véronique.
Tiens, la mère de Martin a apporté ça pour toi.
Il lui tend une lettre.

Véronique
Elle lit.
« J'ai ta chaîne Véronique. Elle s'est détachée de ton cou quand je t'ai pris dans mes bras. Quand tu m'as repoussé. À ce moment-là, si tu savais comme je me suis senti laid. Laid et malhabile. J'ai ta chaîne, et je m'en servirais pour me pendre avec si elle était plus solide. »
Oh my God. Écoute ça, Patrice…
« J'ai voulu te dire mon amour, et tout le reste ne compte plus. Je n'aime pas Sophie et je sais que ça ne te rendra plus jalouse. Ça me rendra seulement malheureux. Tu n'aurais pas dû le dire à Patrice, parce que maintenant tout le monde sait que je t'aime et ça me fait encore plus mal. Mal au point où je ne vois pas comment je pourrais continuer à vivre. Un jour on trouvera cette feuille de papier et tu comprendras tout l'amour que j'avais pour toi. »

Patrice
Ça se peut-tu qu'il y ait du monde de fou à ce point-là…

Véronique
Je n'ai jamais compris qu'il pouvait m'aimer autant que ça.

Patrice
Ce n'est pas de l'amour ça, c'est de la folie, c'est pas pareil.

Véronique
Justement, c'est pareil. C'est pareil comme la folie. Pourquoi tu t'es battu avec lui ? Parce que t'étais fou. Fou d'amour ou de jalousie, mais fou.

Patrice
Oui, mais je ne me serais pas tué pour ça.

Véronique
C'est parce que tu n'as jamais été malheureux à ce point-là, ou en amour à ce point-là.

Patrice
Véronique, es-tu en train de te troubler avec…

Véronique
Faut que je vive avec ça. Faut que je vive avec sa mort sur le cœur. Avec la mort de quelqu'un sur le cœur. Tu te rends compte de ce que ça veut dire ? La mort de quelqu'un…

Patrice
Martin, il se serait tué pareil. Si ça n'avait pas été pour toi, ça aurait été pour quelqu'un d'autre. Il avait ça dans lui…

Véronique
Ç'est facile de dire ça, toi, t'es vivant.

Patrice
Nous autres on est en vie, c'est ça qui compte.

Véronique
Lui, il est mort. C'est pas pareil.

Patrice
Il l'enlace.
Essayons de nous retrouver… Essayons d'oublier…

Véronique
Elle se dégage.
C'est trop facile d'oublier.

Patrice
Martin, je ne peux quand même pas le ressusciter.

Véronique
Je ne peux pas croire que tu puisses être aussi cruel.

Patrice
C'est vrai qu'il y a des fois dans la vie où ce serait plus simple d'être mort, de disparaître, mais moi j'ai toujours cru que l'avenir allait tout arranger. Jusqu'à date, t'es ce qui m'est arrivé de plus beau dans la vie. Pour le reste, j'attends. Je me dis que ça va changer. Ça ne peut pas faire autrement. Je vais tout faire pour que ça change.

Véronique
Il y du monde plus fragile que d'autres. Il y a du monde vraiment fragile.

PATRICE
Je ne pouvais pas le savoir qu'il était fragile à ce point-là, Martin.

VÉRONIQUE
Moi, je le savais.

PATRICE
Lui avec, c'était un chien écrasé ?

VÉRONIQUE
Qu'est-ce que tu veux dire ? De quoi tu parles ?

PATRICE
Toi, t'aimes le monde quand ça va mal. Tu crois que tu peux les sauver, les sortir du trouble. Quand ça va bien, tu les trouves moins intéressants.

VÉRONIQUE
J'ai toujours aimé le monde parce que j'avais besoin de les aimer. Quand t'es en amour, tu ne penses pas à ça. T'aimes le monde parce qui sont comme ils sont. Tu ne veux pas les changer. Je ne sais pas pourquoi, on dirait que tu voudrais que je change.

PATRICE
Véronique ! Je n'ai pas dit ça pour te faire de la peinc.

11. Vendredi. 11h40.

L'éclairage monte dans le bureau de Victor. Victor est au téléphone.

Patrice entre sans qu'il s'en aperçoive.

Victor

Non, on a fermé le dossier hier… Oui, c'est ça. J'ai fait une photocopie de la note de suicide, je te la fais suivre par courrier interne. J'ai donné l'original à la fille. Bien quoi c'est que tu veux, c'est des choses qui arrivent… C'est triste, mais qu'est-ce qu'on peut faire… ? Ben oui mais, ils sont jeunes, ils vont vite oublier ça. Oui, si tu veux… Au Country ?… Ah, j'aime pas le café là, pourquoi pas chez Tim Horton's, ce n'est pas si mauvais que ça… OK, dans une vingtaine de minutes.

Victor raccroche et, en se retournant, aperçoit Patrice.

Ah ! garde donc ça. Je parlais justement de toi ou plutôt de vous autres. On vient de fermer le dossier. Vous n'êtes pas contents ? C'est fini.

Patrice
Véronique est partie ?

Victor
Oui, son père est venu la chercher hier après-midi.

Patrice
Elle a dit où elle allait ?

Victor
Je ne lui ai pas demandé et elle ne m'a pas dit. Son père était là. Lui non plus, y paraissait pas trop intéressé à traîner ici.

Patrice
Ça fait depuis hier soir que j'appelle à toutes les quinze minutes. Ça ne répond jamais.

Victor
Elle va revenir. Sois patient, ça ne te fera pas de tort. C'est quoi tes plans ?

Patrice
Je vais déménager.

Victor
Ah oui ! Pour aller où ?

Patrice
J'ai appelé mon père pour qu'il vienne me chercher.

Victor
Tu retournes dans ta famille ?

PATRICE
J´ai besoin de parler à mon père. On a des choses à se dire, moi et lui. Faut régler cette affaire-là…

VICTOR
Tu sais, je crois, que c'est la meilleure chose que tu pouvais faire.

PATRICE
Véronique ne t'a rien dit d'autre? Elle ne t'a pas dit où elle s'en allait?

VICTOR
Véronique, elle est partie à Toronto. Chez sa tante. Elle n'a pas laissé d'adresse. Tu devrais en profiter pour l'oublier un petit peu, faire autre chose…

PATRICE
Non. Non. C'est là que tu te trompes, Victor. C'est là que tu te trompes. Véronique et moi, on va revenir ensemble. Je ne sais pas comment. Je ne sais pas quand. Il n'y a rien ni personne pour nous séparer. Tu entends? Parce que je l'ai choisie. Parce que je l'aime. Et toi et toute ta *gang* vous comprendrez jamais ça. Parce que ce n'est pas explicable. Mais moi, je sais que c'est ça qui compte. C'est la seule chose que je sais. Tout le reste est pas mal embrouillé comme c'est là. Mais ça, je sais que c'est vrai. Je le sais.

VICTOR
Tu vois. Ce n'est peut-être pas si pire, peut-être que si toute cette histoire-là n'était pas arrivée, peut-être que tu ne retournerais pas chez ton père.

Patrice
Et que je ne t'aurais pas rencontré, Victor ? As-tu remarqué que tout le monde se sauve de toi. Tu nous fais peur…

Victor
C'est ça ma job. Puis, tant qu'à moi, je ne vous ferai jamais assez peur.

Table des matières

www.ingramcontent.com/pod-product-compliance
Ingram Content Group UK Ltd.
Pitfield, Milton Keynes, MK11 3LW, UK
UKHW022011260726
13994UKWH00006B/2426